中国全図

乌鲁木齐
Wūlǔmùqí

新疆维吾尔自治区
Xīnjiāng Wéiwú'ěr Zìzhìqū

甘 肃 省
Gānsù Shěng

宁夏回族自治区
Níngxià Huízú Zìzhìqū

银川
Yínchuān

青 海 省
Qīnghǎi Shěng

西宁
Xīníng

兰州
Lánzhōu

西藏自治区
Xīzàng Zìzhìqū

四 川 省
Sìchuān Shěng

拉萨
Lāsà

成都
Chéngdū

贵 州 省
Guìzhōu Shěng

贵阳
Guìyáng

云 南 省
Yúnnán Shěng

昆明
Kūnmíng

黑龙江省
Hēilóngjiāng Shěng

哈尔滨
Hā'ěrbīn

长春 吉林省
Chángchūn Jílín Shěng

内蒙古自治区
Nèi-Měnggǔ Zìzhìqū

沈阳
Shěnyáng

辽宁省
Liáoníng Shěng

呼和浩特
Hūhéhàotè

北京市
Běijīng Shì

河北省
Héběi Shěng

天津市
Tiānjīn Shì

太原
Tàiyuán

石家庄
Shíjiāzhuāng

济南
Jǐnán

山西省
Shānxī Shěng

山东省
Shāndōng Shěng

西安
Xī'ān

郑州
Zhèngzhōu

江苏省
Jiāngsū Shěng

陕西省
Shǎnxī Shěng

河南省
Hénán Shěng

安徽省
Ānhuī Shěng

南京
Nánjīng

上海市
Shànghǎi Shì

湖北省
Húběi Shěng

合肥
Héféi

杭州
Hángzhōu

重庆市
Chóngqìng Shì

武汉
Wǔhàn

长沙
Chángshā

浙江省
Zhèjiāng Shěng

南昌
Nánchāng

湖南省
Húnán Shěng

江西省
Jiāngxī Shěng

福建省
Fújiàn Shěng

台北
Táiběi

广西壮族自治区
Guǎngxī Zhuàngzú Zìzhìqū

福州
Fúzhōu

台湾
Táiwān

广东省
Guǎngdōng Shěng

南宁
Nánníng

广州
Guǎngzhōu

香港
Xiānggǎng

澳门
Àomén

海口
Hǎikǒu

海南省
Hǎinán Shěng

本テキストの音声について

　本テキストの音声は、白帝社ホームページ内の本テキストのページから、ダウンロードして聞きます。

　吹込み：呉志剛、容文育

https://goo.gl/zDaXzb

※各機器と再生ソフトに関する技術的なご質問は、各メーカーにお願いいたします。

※本テキストと音声は著作権法で保護されています。

ここから 中国語

依藤醇 監修　　工藤真理子 著

白帝社

これから中国語を学ぶ皆さんへ

　世界では中国語を話す人が一番多いです。世界の人口は大体74億人です。中国（正式には「中華人民共和国」と言います）の人口は14億に迫り、ほかに中国以外の国や地域で中国語を話す人が6000万人はいると言われています。世界の5人に1人が中国語を使っていると思ってください。もちろん、英語ができたらもっと世界は広くなるかもしれませんが、中国語ができるだけでも世界は十分すぎるほど広がります。私はカナダで2週間、中国語だけで旅をすることができました。中国からの移民がとても多く、ホテルの予約、買い物、道に迷ったときなど、すべて中国語で大丈夫でした。また中国は、面積もとても広いです。ざっと日本の25倍です。方言もたくさんあります。そのため、意思の疎通が図れるよう、日本語に標準語があるように、中国語には「普通話」という共通語があります。このテキストで学ぶ「中国語」はこの「普通話」です。

　テキストの内容は、日本でも中国でも役に立つように、修了すれば、「買い物」と「自己紹介」ができるようになっています。自分のことを話せて、相手のことも色々と聞けますよ。日本では、バイト先や近所に中国人がいませんか。中国に行ったら、列車の中や知り合った人と会話が弾むと思います。中国語が話せれば、ちょっとしたコミュニケーションや旅行ではもちろん、将来仕事で役立つ可能性も大きいです。

　最初は、発音の上がり下がりが大変かもしれません。私は音痴なので、本当に苦労をしました。全部、同じに聞こえるのですから…。音痴でない人は、私よりもうまくなる可能性大です。文法は、日常会話レベルであれば、そんなに難しくありません。希望出てきたでしょう。さらに、がんばればプロにだってなれます。通訳案内士の資格を持っている人には、中国語を大学で専門に学んでいない人も多くいます。プロも最初は発音の習得に苦労をし、文法を覚え、単語を暗記し、たくさんの壁にぶつかります。

　さあ、スタートはみんな同じ「ここから」です。中国語を始めて、自分の世界を広げましょう。その一助になれば、とてもうれしいです。

　監修をしてくださった依藤醇先生、また編集者の杉野美和様には企画構成からお世話になりました。漫画家の坂田美樹様、表紙デザインの細谷桃恵様にはぴったりのものを創っていただきました。ありがとうございました。

2017年10月

工藤真理子

目　次

第 1 課 　 発音 ①

中国語の文字

　中国語の文字は漢字だけです。“汉”（漢）や “书”（書）のように学びやすくするため簡略化された漢字も多く、それらは「簡体字（かんたいじ）」と呼ばれます。

中国語の発音表記

　中国語は漢字の発音を表すのに「ピンイン」（“拼音” pīnyīn）というローマ字を用います。

汉 hàn 　　 书 shū

中国語の音節（おんせつ）

　日本語の「は」（ha）や「み」（mi）という音は、それ以上区切って発音できない一つの音のかたまりで、このかたまりを「音節（おんせつ）」と言います。

　音節は、

子音（しいん）　　　＋　　　母音（ぼいん）
（「は」なら h）　　　　　　（「は」なら a）

という構造で、中国語も同じです。子音がつかない場合もあります。巻末の「中国語音節表」にすべての音節がピンインで示されています。子音は 21 個あり、左端に縦一列に並んでいます。母音は 37 個あり、一番上に横一列に並んでいます。音節には「第一声、第二声、第三声、第四声」の 4 種類の高低や上げ下げの調子「声調（せいちょう）」が加わり、次のようにピンインの母音に「声調符号」をつけて表します（詳しくは 13 頁）。また、軽く短く発音する「軽声（けいせい）」もあります。軽声は声調符号をつけません。

▶ A02

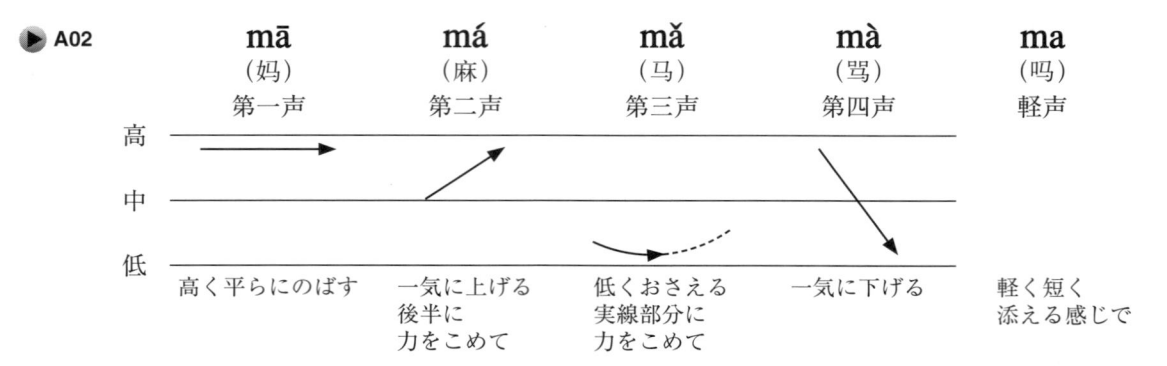

mā	má	mǎ	mà	ma
（妈）	（麻）	（马）	（骂）	（吗）
第一声	第二声	第三声	第四声	軽声
高く平らにのばす	一気に上げる 後半に 力をこめて	低くおさえる 実線部分に 力をこめて	一気に下げる	軽く短く 添える感じで

ここから、母音、子音の種類ごとに、発音の仕方とピンインのルールを学んでいきます。音声を何度も聞いて、練習してください。難しい発音には説明をつけていますが、自分で分かりやすいように読み方を書き、最初はそれを頼りにしてもかまいません。

母音

1　単母音

1）6個の基本となる母音

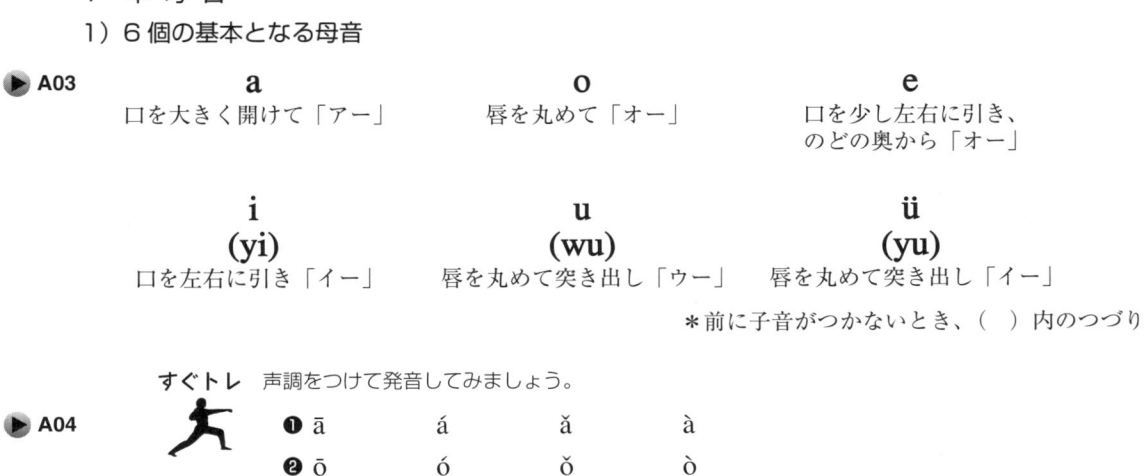

A03

a　口を大きく開けて「アー」

o　唇を丸めて「オー」

e　口を少し左右に引き、のどの奥から「オー」

i
(yi)　口を左右に引き「イー」

u
(wu)　唇を丸めて突き出し「ウー」

ü
(yu)　唇を丸めて突き出し「イー」

＊前に子音がつかないとき、（　）内のつづり

すぐトレ　声調をつけて発音してみましょう。

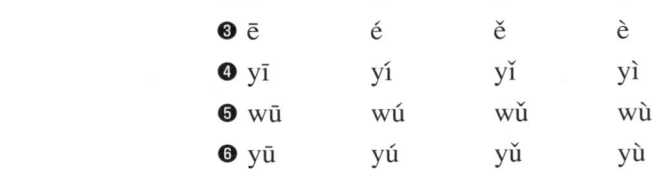

A04

❶ ā　　á　　ǎ　　à
❷ ō　　ó　　ǒ　　ò
❸ ē　　é　　ě　　è
❹ yī　　yí　　yǐ　　yì
❺ wū　　wú　　wǔ　　wù
❻ yū　　yú　　yǔ　　yù

2）そり舌母音

　子音がつかず、単独で音節となります。

A05

er　舌先をすばやく巻き上げながら「アール」

すぐトレ　声調をつけて発音してみましょう。

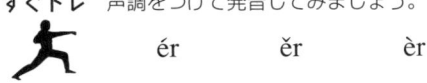

A06

ér　　ěr　　èr

2 複 母 音

1）二重母音

前の母音を強く、全体をなめらかに。

▶ A07　**ai**　　　**ei**　　　**ao**　　　**ou**
　　　　　　　単母音のeと異なり「エ」

後ろの母音を強く、全体をなめらかに。

ia　　　**ie**　　　**ua**　　　**uo**　　　**üe**
(ya)　　**(ye)**　　**(wa)**　　**(wo)**　　**(yue)**
　　　　　　エ　　　　　　　　　　　　　　　　エ

＊前に子音がつかないとき、（　）内のつづり

すぐトレ　声調をつけて発音してみましょう。

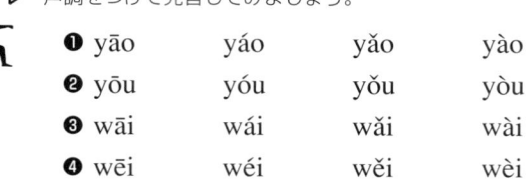

▶ A08

❶ āi　　　ái　　　ǎi　　　ài
❷ ēi　　　éi　　　ěi　　　èi
❸ āo　　　áo　　　ǎo　　　ào
❹ ōu　　　óu　　　ǒu　　　òu
❺ yā　　　yá　　　yǎ　　　yà
❻ yē　　　yé　　　yě　　　yè
❼ wā　　　wá　　　wǎ　　　wà
❽ wō　　　wó　　　wǒ　　　wò
❾ yuē　　yué　　yuě　　yuè

2）三重母音

真ん中の母音を強く、全体をなめらかに。

▶ A09　**iao**　　　**iou**　　　**uai**　　　**uei**
　　　　(yao)　　**(you)**　　**(wai)**　　**(wei)**
　　　　　　　　　　　　　　　　　　　　　　エ

＊前に子音がつかないとき、（　）内のつづり
＊ iou と uei は、子音がつくときには o や e の音が弱まり、iu、ui のつづり
　　　j ＋ iou → jiu　　　s ＋ uei → sui

すぐトレ　声調をつけて発音してみましょう。

▶ A10

❶ yāo　　yáo　　yǎo　　yào
❷ yōu　　yóu　　yǒu　　yòu
❸ wāi　　wái　　wǎi　　wài
❹ wēi　　wéi　　wěi　　wèi

3）-n ／ -ng がつく母音

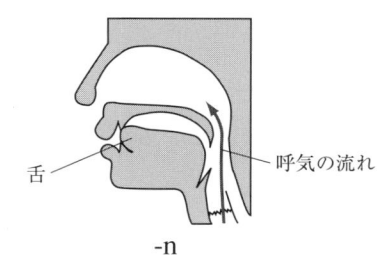 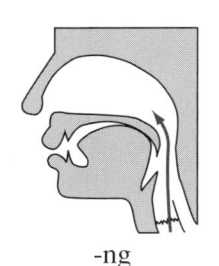

舌　　呼気の流れ

-n
「案内（あんない）」の「ん」のように
舌の先を上の歯ぐきに押し当てる

-ng
「案外（あんがい）」の「ん」のように
舌先はどこにもつかない

▶ A11

an	ian (yan) エ	uan (wan)	üan (yuan)
ang	iang (yang)	uang (wang)	
en	in (yin)	uen (wen)	ün (yun)
eng	ing (ying)	ueng (weng)	iong (yong)

「オ」に近く　　　　　　　　「オ」に近く　唇を丸めて突き出す
　　　　　　　　　　　　　　　　　　　　ü + eng のつもりで

＊前に子音がつかないとき、（　）内のつづり
＊uen は子音がつくときには e の音が弱まり、un のつづり
　　ch ＋ uen → chun
＊ueng は子音がつくときには ong のつづり
　　t ＋ ueng → tong

すぐトレ　声調をつけて発音してみましょう。

▶ A12

❶ ān — āng　　　yán — yáng　　　wǎn — wǎng
❷ ēn — ēng　　　yín — yíng　　　wěn — wěng
❸ yuán　　　　　yún　　　　　　yǒng

発音されたほうに○をつけなさい。

▶ A13

❶　wán　　　　wáng
❷　wēn　　　　wēng
❸　yuàn　　　　yùn

第2課　発音 2

子音
<ruby>子<rt>し</rt></ruby> <ruby>音<rt>いん</rt></ruby>

　この課では音節の頭につく子音を学んでいきます。下の表は 21 個の子音が口の中のどこを使って発音されるかによって 6 つに分類したものです。子音だけでは発音できないので、（　）内の母音をつけて学びます。b — p、d — t、g — k、j — q、zh — ch、z — c は「無気音」と「有気音」の違いがあるペアです。無気音の子音は、息を抑え気味に母音をそえて発音し、濁音にならないよう注意します。有気音の子音は、その後の母音の発声を遅らせる要領で息を強く出して発音します。

	無気音	有気音		
1) 唇音	b (o)	p (o)	m (o)	f (o)
2) 舌尖音	d (e)	t (e)	n (e)	l (e)
3) 舌根音	g (e)	k (e)	h (e)	
4) 舌面音	j (i)	q (i)	x (i)	
5) そり舌音	zh (i)	ch (i)	sh (i)	r (i)
6) 舌歯音	z (i)	c (i)	s (i)	

1）唇 音

▶ A14　**bo　　po　　mo　　fo**

すぐトレ　母音や声調を変えて発音してみましょう。無気音と有気音の違いに注意。

▶ A15
❶ bā — pā　　　bí — pí　　　biǎo — piǎo　　　bào — pào
❷ mō　　　　mǔ　　　　máng
❸ fó　　　　fǔ　　　　fèn

発音されたほうに○をつけなさい。

▶ A16
❶　bān　　pān
❷　bǔ　　pǔ

2) 舌尖音 <ruby>舌尖音<rt>ぜっせんおん</rt></ruby>

▶ A17 **de**　　　**te**　　　**ne**　　　**le**

　　　　　　　　　　舌先を上の歯ぐきに押し当てる

すぐトレ　母音や声調を変えて発音してみましょう。無気音と有気音の違いに注意。

▶ A18

❶ dā — tā　　　duǒ — tuǒ　　　dì — tì　　　dōng — tōng

❷ ná　　　　　nǔ　　　　　　nuǎn

❸ lè　　　　　lǜ　　　　　　lǒng

発音されたほうに○をつけなさい。

▶ A19

❶　dú　　　　　tú

❷　diǎn　　　　tiǎn

3) 舌根音 <ruby>舌根音<rt>ぜっこんおん</rt></ruby>

▶ A20 **ge**　　　　**ke**　　　　**he**

　　　　　　　　のどを狭める感じで

すぐトレ　母音や声調を変えて発音してみましょう。無気音と有気音の違いに注意。

▶ A21

❶ gā — kā　　　gǔ — kǔ　　　gāi — kāi　　　gǒu — kǒu

❷ hā　　　　　hú　　　　　　huǒ　　　　　huáng

発音されたほうに○をつけなさい。

▶ A22

❶　gān　　　　kān

❷　guài　　　　kuài

❸　fǒu　　　　hǒu

4) 舌面音 <ruby>舌面音<rt>ぜつめんおん</rt></ruby>

▶ A23 **ji**　　　　**qi**　　　　**xi**

　　　　　　　　　　＊後に母音 ü がつく場合、ü の上の点を取り除いて ju、qu、xu と書く

すぐトレ　母音や声調を変えて発音してみましょう。無気音と有気音の違いに注意。

▶ A24

❶ jí — qí　　　jiā — qiā　　　jù — qù　　　jiāng — qiāng

❷ xí　　　　　xiǎo　　　　　xù　　　　　xiōng

発音されたほうに○をつけなさい。

▶ A25

❶　jiū　　　　qiū

❷　juàn　　　quàn

5）そり舌音_{じたおん}

▶ A26 **zhi**　　　**chi**　　　**shi**　　　**ri**

舌　　　　　　呼気の流れ

zhi、chi はそり上げた舌を
歯ぐきより少し奥につける

shi、ri はそり上げた舌を
どこにもつけない

i は単母音の i（7 頁）とは異なる音になります。

すぐトレ　母音や声調を変えて発音してみましょう。無気音と有気音の違いに注意。

▶ A27

❶ zhǐ － chǐ　　zhá － chá　　zhē － chē　　zhàng － chàng
❷ shí　　　　　shè　　　　　shū　　　　　shǎng
❸ rì　　　　　rè　　　　　　rǔ　　　　　　róng

発音されたほうに○をつけなさい。

▶ A28

❶　zhuāng　　chuāng
❷　jī　　　　　zhī
❸　qí　　　　　chí
❹　xì　　　　　shì
❺　lè　　　　　rè

6）舌歯音_{ぜっしおん}

▶ A29 **zi**　　　**ci**　　　**si**

i は、単母音の i とも、そり舌音の zhi、chi、shi、ri の i とも異なる音になります。

すぐトレ　母音や声調を変えて発音してみましょう。無気音と有気音の違いに注意。

▶ A30

❶ zì － cì　　　zū － cū　　　zǎo － cǎo　　zāng － cāng
❷ sì　　　　　sǎ　　　　　sú　　　　　　sēn

発音されたほうに○をつけなさい。

▶ A31

❶　zuì　　　　cuì
❷　zū　　　　zī

　これですべての母音と子音について学びましたので、その組み合わせによるすべての音節を
発音できるようになりました。あと少し、発音の変化とピンインのルールの補足について。

発音の変化

1 アル化（r化）

そり舌母音のer（7頁）が他の音節の後につき、舌をそらす動きを加えることを言います。ピンインはr、漢字は"儿"を加えます。rの前のi、nは発音しなくなります。

▶ A32 　① nǎr（哪儿）　　② gēr（歌儿）　　③ yíhuìr（一会儿）　　④ wánr（玩儿）

2 声調変化

1）第三声の変化

第三声＋第三声→第二声＋第三声　　　　　＊声調符号は元のまま

▶ A33 　① shuǐ ＋ guǒ → shuǐguǒ（水果）

　　　　② xǐ ＋ liǎn → xǐ liǎn（洗脸）

2）"不"bù の変化

bù ＋第四声→ bú ＋第四声　　　　　＊声調符号も変える

▶ A34 　③ bù ＋ qù → bú qù（不去）

3）"一"yī の変化

yī ＋第一・二・三声→ yì ＋第一・二・三声　　＊声調符号も変える

yī ＋ 第四声 → yí ＋第四声　　＊声調符号も変える

▶ A35 　④ yī ＋ qiān → yìqiān（一千）

　　　　⑤ yī ＋ nián → yì nián（一年）

　　　　⑥ yī ＋ bǎi → yìbǎi（一百）

　　　　⑦ yī ＋ wàn → yíwàn（一万）

ピンインのルールの補足

6頁で声調はピンインの母音に声調符号をつけて表すと学びましたが、2つ以上母音がある場合は、まずaにつけ、aがないときはoかeにつけます。また、iuやuiの場合は、後ろのほうにつけます。iにつけるとき、上の点はとります

　　　① bāo　　　　② ròu tiě　　　③ jiǔ suì

また、多くはありませんが、二番目以降の音節がa、o、eで始まる場合、「隔音符号」（'）を入れて前の音節との切れ目を示します。

　　　④ liàn（恋）＋ ài（爱）→ liàn'ài（恋爱）

　　　⑤ hǎi（海）＋ ōu（鸥）→ hǎi'ōu（海鸥）

　　　⑥ nǚ（女）＋ ér（儿）→ nǚ'ér（女儿）

すぐトレ 声調をつけなさい。

▶ A36

　　　❶ mao

　　　❷ zou

　　　❸ dui

第3課 中国 留学生（中国人留学生）

Zhōngguó liúxuéshēng

山本大地君（Shānběn Dàdì）はキャンパスで中国人らしい女子学生に声をかけます。

▶ A41 ナチュラル
▶ A42 ゆっくり
▶ A43

1

你 是 中国人 吗？
Nǐ shì Zhōngguórén ma?

是，我 是 中国 留学生。
Shì, wǒ shì Zhōngguó liúxuéshēng.

你 nǐ あなた
是 shì 〜である
中国人 Zhōngguórén 中国人
吗 ma 〜か

是 shì はい：そうです
我 wǒ 私
中国留学生 Zhōngguó liúxuéshēng 中国人留学生

2

你 叫 什么 名字？
Nǐ jiào shénme míngzi?

我 叫李莉。
Wǒ jiào Lǐ Lì.

叫 jiào （名前を）〜という
什么 shénme 何という：何
名字 míngzi 名前

李莉 Lǐ Lì 李莉（中国人の女性の名前）

3

你 今年 多大？
Nǐ jīnnián duō dà?

我 今年 19 岁。
Wǒ jīnnián shíjiǔ suì.

今年 jīnnián 今年
多大 duō dà （年齢が）いくつ

岁 suì 〜歳

すぐトレ──中国語の漢字を発音しながら書きなさい。（ ）内は日本語の漢字です。

吗 ma

叫 jiào （叫）

今 jīn （今）

岁 suì （歳）

14

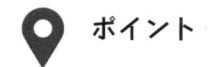 **ポイント**

1 A＋動詞 "是" ＋B ： AはBである

▶ **A44**
① 我 是 日本人。 ［日本人 日本人］ ▶ **A45**
Wǒ shì Rìběnrén.

② 我 不 是 中国人。 ＊否定文は "是" の前に "不" を置く
Wǒ bú shì Zhōngguórén. ［不 ～ではない：～しない］

③ 你 是 美国人 吗？ ＊疑問文は文末に "吗" を置く ［美国人 アメリカ人］
Nǐ shì Měiguórén ma?

すぐトレ ❶ ピンインと漢字で書き取りなさい。 ＿＿＿＿＿＿＿＿＿ ＿＿＿＿＿＿＿
❷ 正しく並べなさい。
是 留学生 我 ＿＿＿＿＿＿＿＿＿＿＿＿＿＿

2 "我" ＋動詞 "叫" ＋名前 ： 私は（名前を）～といいます

▶ **A46**
① 我 叫 山本 大地。
Wǒ jiào Shānběn Dàdì.

② 你 叫 什么 名字？ ＊何という名前か尋ねる疑問文
Nǐ jiào shénme míngzi?

③ 你 的 名字 叫 什么？ ＊名前は何というか尋ねる疑問文 ［的 ～の～］ ▶ **A47**
Nǐ de míngzi jiào shénme?

すぐトレ ❶ ピンインと漢字で書き取りなさい。 ＿＿＿＿＿＿＿＿＿ ＿＿＿＿＿＿＿
❷ 正しく並べなさい。
李莉 我 叫 ＿＿＿＿＿＿＿＿＿＿＿＿＿＿

▶ A48　① 我　18　岁。　　　　　＊動詞"是"は不要
　　　　　Wǒ shíbā suì.

② 他　不　是　19　岁。　＊否定文は"不是"を用いる　　　　　　　　〔他　彼〕 ▶ A49
　　Tā bú shì shíjiǔ suì.

③ 她　明年　多　大？　　＊年齢を尋ねる疑問文　　　　　　　　　〔她　彼女〕
　　Tā míngnián duō da?　　　　　　　　　　　　　　　　　　　〔明年　来年〕

④ 她　明年　十　几　岁？　＊十何歳か尋ねる疑問文　　〔几　いくつ（10未満の数）〕
　　Tā míngnián shí jǐ suì?

すぐトレ　❶ ピンインと漢字で書き取りなさい。 _____　_____
　　　　　　❷ 正しく並べなさい。
　　　　　　　19岁　明年　他　　　　　_____

休息一下 Xiūxi yíxià（ちょっと一息）

君の名は

　あなたの名前を中国語の漢字とピンインで書き、発音しましょう。仮名の場合は、好きな漢字をあてましょう。

　　中国語の漢字　_____

　　ピンイン　_____

　次に、先生が出席をとるという設定で、だれかの名前を呼びます。呼ばれた人は "到." Dào.（はい：来ています）と返事をしましょう。

　中国人に多い姓は "王 Wáng，李 Lǐ，张 Zhāng，刘 Liú，陈 Chén，杨 Yáng，黄 Huáng，赵 Zhào，吴 Wú，周 Zhōu" などです。"司马 Sīmǎ，诸葛 Zhūgě，欧阳 Ōuyáng" などの二字の姓もあります。同じ姓の人も多く、クラスではフルネームで呼び合います。

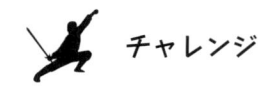 チャレンジ

1．声調の違いに注意して発音しなさい。

A50　❶ jiàoshī（教师）—— jiàoshì（教室）

❷ máoyī（毛衣）—— màoyì（贸易）

❸ shūjià（书架）—— shǔjià（暑假）

❹ yānhuī（烟灰）—— yànhuì（宴会）

❺ yǔyī（雨衣）—— yùyī（浴衣）

2．漢字に直し、あなたについて中国語で答えなさい。

❶ Nǐ jiào shénme míngzi?

_____　_____

❷ Nǐ jīnnián duō dà?

_____　_____

3．日本語に合うように（　）内の語句を並べなさい。

❶ 私は大学生です。（是　大学生　我）　　　　　　　　　　［大学生 dàxuéshēng　大学生］

_____

❷ 彼は留学生ではありません。（他　是　留学生　不）

_____

❸ 彼女は先生ですか。（老师　她　吗　是）　　　　　　　　　［老师 lǎoshī　先生］

_____

4．声に出して読んで覚えなさい。

A51　一　二　三　四　五　六　七　八　九　十
yī　èr　sān　sì　wǔ　liù　qī　bā　jiǔ　shí

十一　十二　十三　十四　十五　十六　十七　十八　十九　二十
shíyī　shí'èr　shísān　shísì　shíwǔ　shíliù　shíqī　shíbā　shíjiǔ　èrshí

二十一　二十二
èrshiyī　èrshi'èr　＊真ん中の"十"は軽声になる

第4課 便利店（コンビニ）

Biànlìdiàn

山本君（Shānběn）は李莉さん（Lǐ Lì）に街を案内し、二人はだいぶ歩き回りました。

1

▶ A52
▶ A53

便利店　在　哪儿？
Biànlìdiàn zài nǎr?

便利店　在　那儿。
Biànlìdiàn zài nàr.

便利店 biànlìdiàn　コンビニ　▶ A54
在 zài　ある：いる
哪儿 nǎr　どこ
那儿 nàr　あそこ

2

我们　现在　去，可以　吗？
Wǒmen xiànzài qù, kěyǐ ma?

可以。
Kěyǐ.

我们 wǒmen　私たち
现在 xiànzài　今
去 qù　行く：向かう
可以 kěyǐ　よいです

3

你　买　哪个　饮料？
Nǐ mǎi něige yǐnliào?

我　买　这个。
Wǒ mǎi zhèige.

买 mǎi　買う
哪个 něige　どの：どれ
饮料 yǐnliào　飲み物
这个 zhèige　これ：この

すぐトレ──中国語の漢字を発音しながら書きなさい。（　）内は日本語の漢字です。

们 men

现 xiàn（現）

买 mǎi（買）

饮 yǐn（飲）

18

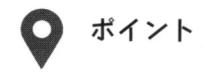 ポイント

1 　A＋動詞"在"＋場所　　：　　Aはどこそこにある／いる

▶ A55

① 书店　在 那儿。　　　　　　　　　　　　　　　　　　　　　　　[书店　本屋] ▶ A56
　　Shūdiàn　zài　nàr.

② 李 莉 不 在 这儿。　　　＊否定文は"在"の前に"不"を置く　　　　[这儿　ここ]
　　Lǐ Lì bú zài zhèr.

③ 王　　老师 在 学校 吗？　＊いるかどうか尋ねる疑問文　　　　　[王　王（姓）]
　　Wáng lǎoshī zài xuéxiào ma?　　　　　　　　　　　　　　　　[学校　学校]

④ 厕所 在 哪儿？　　　　　＊場所を尋ねる疑問文　　　　　　　　[厕所　トイレ]
　　Cèsuǒ zài　nǎr?

すぐトレ　❶ ピンインと漢字で書き取りなさい。＿＿＿＿＿＿＿＿＿　＿＿＿＿＿＿＿
　　　　　❷ 正しく並べなさい。
　　　　　　　在　那儿　他　　　　　　＿＿＿＿＿＿＿＿＿＿＿＿＿＿＿＿＿＿＿＿

2 　A＋時点＋動詞"去／来"　　：　　Aはいついつ行く／来る

▶ A57

① 我们　　上午　去。　　　　　　　　　　　　　　　　　　　　　[上午　午前] ▶ A58
　　Wǒmen　shàngwǔ　qù.

② 他 下午 来。　　　　　　　　　　　　　　　　　　　　　　　　[下午　午後]
　　Tā xiàwǔ lái.　　　　　　　　　　　　　　　　　　　　　　　[来　来る]

③ 您 什么 时候 来？　　　＊いつ来るか尋ねる疑問文　　　　　[您　あなた（敬称）]
　　Nín shénme shíhou lái?　　　　　　　　　　　　　　　　　[什么时候　いつ]

すぐトレ　❶ ピンインと漢字で書き取りなさい。＿＿＿＿＿＿＿＿＿　＿＿＿＿＿＿＿
　　　　　❷ 正しく並べなさい。
　　　　　　　下午　去　山本　　　　　＿＿＿＿＿＿＿＿＿＿＿＿＿＿＿＿＿＿＿＿

▶ A59

① 我 买 面包。
Wǒ mǎi miànbāo.

[面包 パン] ▶ A60

② 你 买 哪个 ？　＊どれを買うか尋ねる疑問文
Nǐ mǎi něige?

③ 你 买 什么 ？　＊何を買うか尋ねる疑問文
Nǐ mǎi shénme?

すぐトレ ❶ ピンインと漢字で書き取りなさい。　＿＿＿＿＿＿＿＿＿　＿＿＿＿＿＿＿＿＿
❷ 正しく並べなさい。
买　饮料　我们　　　　　　＿＿＿＿＿＿＿＿＿＿＿＿＿＿＿

休息一下

同じだけど違う

　日本語と中国語には形も意味も同じ言葉がありますが、「形は同じだけど意味が違う」言葉もたくさんあり、注意が必要です。たとえば、

手纸 shǒuzhǐ	「手紙」ではなく「トイレットペーパー」
汽车 qìchē	「汽車」ではなく「自動車」
床 chuáng	「床」ではなく「ベッド」
老婆 lǎopo	「老婆」ではなく「妻」
怪我 guài wǒ	「ケガ」ではなく「私を責める」

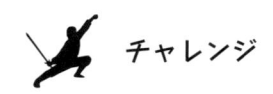 チャレンジ

1. 無気音と有気音の違いに注意して発音しなさい。

▶ A61
❶ dǎnzi （胆子）—— tǎnzi （毯子）
❷ gōngqián（工钱）—— kōngqián（空前）
❸ jiāndū （监督）—— qiāndū （迁都）
❹ shìzhǎng（市长）—— shìchǎng（市场）
❺ zuòcì （座次）—— cuòzì （错字）

2. 漢字に直し、18頁の漫画について中国語で答えなさい。

❶ Biànlìdiàn zài nǎr?

_____

❷ Lǐ Lì shénme shíhou qù?

_____

❸ Lǐ Lì mǎi shénme?

_____

3. 日本語に合うように（　）内の語句を並べなさい。

❶ スーパーはどこにありますか。（在　哪儿　超市）　　　　　　［超市 chāoshì　スーパー］

_____

❷ 私は昼に行きます。（我　去　中午）　　　　　　　　　　　　［中午 zhōngwǔ　昼］

_____

❸ 私はこの飲み物を買います。（我　饮料　买　这个）

_____

第5課　　学生 食堂（学食）

Xuéshēng　shítáng

李莉さん（Lǐ Lì）は山本君（Shānběn）と学食に行って、オススメを教えてもらいます。

A62　**A63**

拉面 lāmiàn　ラーメン　▶A64
好吃 hǎochī　（食べて）おいしい

很 hěn　とても

咖喱饭 gālífàn　カレーライス
怎么样 zěnmeyàng　どうですか

套餐 tàocān　定食
呢 ne　～は（どうですか／どうしますか）？

马马虎虎 mámahūhū　まあまあです

すぐトレ――中国語の漢字を発音しながら書きなさい。（　）内は日本語の漢字です。

很 hěn　　　　饭 fàn（飯）　　　　马 mǎ（馬）　　　　虎 hǔ（虎）

ポイント

▶ A65

1 Ａ＋副詞 "很" ＋形容詞 "好吃" ： Ａは（とても）おいしい

*副詞は形容詞や動詞の前に置いて、その意味を補うもの

① 中国菜　很 好吃。　*形容詞の前に "很" などが必要　　　　　　［中国菜　中華料理］ ▶ A66
Zhōngguócài hěn hǎochī.

② 这个 汽水 真 好喝。　　　　　　　　　　　　　　　　　　［汽水　サイダー］［真　本当に］
Zhèige qìshuǐ zhēn hǎohē.　　　　　　　　　　　　　　　　　　　［好喝　（飲んで）おいしい］

③ 那个 不 好吃。　　*否定文は形容詞の前に "不" を置く。"很" は要らない
Nèige bù hǎochī.　　　　　　　　　　　　　　　　　　　　　　　　　　　［那个　あれ；あの］

④ 日本菜 好吃 吗？　　*疑問文は "很" は要らない　　　　　　　　　　　　［日本菜　和食］
Rìběncài hǎochī ma?

すぐトレ　❶ ピンインと漢字で書き取りなさい。＿＿＿＿＿＿＿＿＿＿　＿＿＿＿＿＿＿＿＿＿
　　　　　❷ 正しく並べなさい。
　　　　　　　咖喱饭　好吃　很　　　　　　＿＿＿＿＿＿＿＿＿＿＿＿＿＿＿＿＿＿＿＿

2 物／人＋"怎么样"？ ： なになに／だれだれはどうですか

▶ A67

① 四川菜　怎么样？　　　　　　　　　　　　　　　　　　　　　［四川菜　四川料理］ ▶ A68
Sìchuāncài zěnmeyàng?

② 那个 菜 怎么样？　　　　　　　　　　　　　　　　　　　　　　　　　　［菜　料理］
Nèige cài zěnmeyàng?

③ 王　老师 怎么样？
Wáng lǎoshī zěnmeyàng?

すぐトレ　❶ ピンインと漢字で書き取りなさい。＿＿＿＿＿＿＿＿＿＿＿＿＿＿＿＿＿＿＿＿
　　　　　❷ 正しく並べなさい。
　　　　　　　学生食堂　怎么样　这个　　　　＿＿＿＿＿＿＿＿＿＿＿＿＿＿＿＿＿＿

3 **～呢?　:　　～は（どうですか／どうしますか）?**

▶ A69

① 我 吃 米饭，你 呢？　　　　　　　　　　　　　　　　　　　　　［吃　食べる］　▶ A70
　Wǒ chī mǐfàn, nǐ ne?　　　　　　　　　　　　　　　　　　　　［米饭　ご飯：ライス］

② 我 喝 咖啡，你 呢？　　　　　　　　　　　　　　　　　　　　　　　［喝　飲む］
　Wǒ hē kāfēi, nǐ ne?　　　　　　　　　　　　　　　　　　　　　［咖啡　コーヒー］

③ 拉面 又 好吃 又 便宜，套餐 呢？　　　　　［又～又～　～でもあり～でもある］
　Lāmiàn yòu hǎochī yòu piányi, tàocān ne?　　　　　　　　　　　［便宜　安い］

すぐトレ　❶ ピンインと漢字で書き取りなさい。＿＿＿＿＿＿＿＿＿＿　＿＿＿＿＿＿＿＿＿＿
　　　　　❷ 正しく並べなさい。
　　　　　　　拉面　呢　吃　你　我　　＿＿＿＿＿＿＿＿＿＿＿＿＿＿＿＿

━━

休息一下

名前当てクイズ①

外国から入った食べ物や飲み物の名前です。
まず、元の発音に似せて作られたもの。何度も発音すると、だんだん聞こえてきます。

　巧克力 qiǎokèlì　　　　（　　　　　　　　　　）

　可乐 kělè　　　　　　（　　　　　　　　　　）

意味の組み合わせで作られたもの。

　热狗 règǒu　　　　＊"狗" は「犬」　　　　　（　　　　　　　　　）

　饭团 fàntuán　　　＊"团" は「丸い形のもの」　（　　　　　　　　　）

　意大利面 yìdàlìmiàn　＊"意大利" は「イタリア」　（　　　　　　　　　）

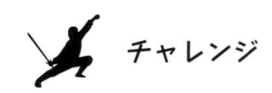 チャレンジ

1. そり舌音とそうでない音の違いに注意して発音しなさい。

A71
❶ shānjiǎo（山脚）——— sānjiǎo（三角）

❷ shīwàng（失望）——— xīwàng（希望）

❸ rìzi （日子）——— lìzi （例子）

❹ zhǐchū （指出）——— jǐchū （挤出）

❺ chēsuǒ （车锁）——— cèsuǒ （厕所）

2. 漢字に直し、あなたが利用している学食について中国語で答えなさい。

❶ Lāmiàn hǎochī ma?

_____ _____

❷ Gālífàn ne?

_____ _____

❸ Tàocān zěnmeyàng?

_____ _____

3. 日本語に合うように（　）内の語句を並べなさい。

❶ 四川料理はとてもからいです。（辣　四川菜　非常）
　　　　　　　　　　　　　　　　　　　　　［辣 là　からい］［非常 fēicháng　とても］

_____

❷ このコーヒーはあまりおいしくありません。（这个　咖啡　好喝　不太）
　　　　　　　　　　　　　　　　　　　　　　　［不太 bú tài　あまり〜ない］

_____

❸ 私は紅茶を飲みますが、あなたは？（我　红茶　呢　喝　你）　　　［红茶 hóngchá　紅茶］

_____

第6課　下午 的 计划（午後の予定）
Xiàwǔ　de　jìhuà

午前の授業が終わりました。山本君（Shānběn）は李莉さん（Lǐ Lì）に何か聞きたそうです。

▶ A72　▶ A73

1

今天 星期 几？
Jīntiān xīngqī jǐ?

今天 星期四。
Jīntiān xīngqīsì.

今天 jīntiān　きょう　▶ A74
星期几 xīngqī jǐ　何曜日
星期四 xīngqīsì　木曜日

2

下午 有 课 吗？
Xiàwǔ yǒu kè ma?

下午 没有 课。
Xiàwǔ méiyǒu kè.

有 yǒu　ある：いる
课 kè　授業
没有 méiyǒu　ない；いない

3

我 有 两 张 票，我们 一起 去 好 吗？
Wǒ yǒu liǎng zhāng piào, wǒmen yìqǐ qù hǎo ma?

シネマ
チケット予約
大人2枚
完了

好。
Hǎo.

两 liǎng　2（数量）
张 zhāng　〜枚
票 piào　チケット
一起 yìqǐ　一緒に
好 hǎo　いいです：はい

すぐトレ──中国語の漢字を発音しながら書きなさい。（　）内は日本語の漢字です。

课 kè（課）

没 méi（没）

两 liǎng（両）

张 zhāng（張）

ポイント

1 日付、曜日、時刻

▶ A75

① 今天 十 月 一 号。
Jīntiān shí yuè yī hào.

＊動詞 "是" は不要

[月 ～月]
[号 ～日] ▶ A76

② 昨天 不 是 星期一。
Zuótiān bú shì xīngqīyī.

＊否定文は "不是" を用いる

[昨天 きのう]
[星期一 月曜日]

③ 现在 几 点？
Xiànzài jǐ diǎn?

＊時刻を尋ねる疑問文

[点 ～時]

④ 现在 两 点 五 分。
Xiànzài liǎng diǎn wǔ fēn.

[分 ～分]

すぐトレ ❶ ピンインと漢字で書き取りなさい。＿＿＿＿＿＿＿＿＿ ＿＿＿＿＿＿
❷ 正しく並べなさい。
十 现在 点 三 分 ＿＿＿＿＿＿＿＿＿＿＿＿＿

2 時間／人／場所＋動詞 "有" ＋物／人 ： 〜には〜がある／いる

▶ A77

① 上午 有 考试。
Shàngwǔ yǒu kǎoshì.

[考试 試験] ▶ A78

② 我 有 很 多 朋友。
Wǒ yǒu hěn duō péngyou.

[多 多い]
[朋友 友人]

③ 里边 有 人，外边 没有 人。
Lǐbian yǒu rén, wàibian méiyǒu rén.

＊否定文は "没有" を用いる

[里边 中] [人 ひと]
[外边 外]

すぐトレ ❶ ピンインと漢字で書き取りなさい。＿＿＿＿＿＿＿＿＿ ＿＿＿＿＿＿
❷ 正しく並べなさい。
没有 昨天 课 ＿＿＿＿＿＿＿＿＿＿＿＿＿

3 人や物を数える単位（量詞）

▶ A79

① 我 有 一 个 姐姐。
Wǒ yǒu yí ge jiějie.

[个 ～人；～個] ▶ A80
[姐姐 姉]

② 我 买 两 本 词典。
Wǒ mǎi liǎng běn cídiǎn.

[本 ～冊]
[词典 辞書]

③ 明天 有 三 节 课。
Míngtiān yǒu sān jié kè.

[明天 あした]
[节 ～コマ（授業を数える単位）]

すぐトレ ❶ ピンインと漢字で書き取りなさい。＿＿＿＿＿＿＿ ＿＿＿＿＿＿＿
❷ 正しく並べなさい。
买 票 她 张 四 ＿＿＿＿＿＿＿＿＿＿＿＿＿＿

休息一下

中国の祝日

すべての人が休日となる"节日"jiérì（祝日）は次のような日です。伝統的なものは旧暦によっていて、毎年日が異なります。

1月1日	元旦 Yuándàn	元旦	
旧暦1月1日	春节 Chūnjié	春節	＊旧正月
旧暦3月3日	清明节 Qīngmíngjié	清明節	＊墓参りをします
5月1日	劳动节 Láodòngjié	メーデー	
旧暦5月5日	端午节 Duānwǔjié	端午の節句	
旧暦8月15日	中秋节 Zhōngqiūjié	中秋節	
10月1日	国庆节 Guóqìngjié	国慶節	＊建国（1949年）記念日

"节日"ではありませんが、"情人节"Qíngrénjié（バレンタインデー）、"愚人节"Yúrénjié（エイプリルフール）、"圣诞节"Shèngdànjié（クリスマス）などもあります。

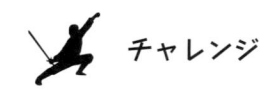 チャレンジ

1. 読まれた時刻をピンインと漢字で書きなさい。

▶ A81 ❶

❷

❸

❹

2. 漢字に直し、26 頁の漫画について中国語で答えなさい。

❶ Jīntiān xīngqī jǐ?

❷ Lǐ Lì xiàwǔ yǒu kè ma?

❸ Shānběn yǒu jǐ zhāng piào?

3. 日本語に合うように（　）内の語句を並べなさい。

❶ きょうは火曜日ではありません。（是　不　星期二　今天）　　　［星期二 xīngqī'èr　火曜日］

❷ 私たち2時半に行きませんか。（我们　去　吗　好　两点　半）　　　　　　　　［半 bàn　半］

❸ あなたは何枚のチケットを持っていますか。（你　票　张　几　有）

4. 声に出して読んで覚えなさい。

▶ A82

星期一	星期二	星期三	星期四	星期五	星期六	星期天（／日）
xīngqīyī	xīngqī'èr	xīngqīsān	xīngqīsì	xīngqīwǔ	xīngqīliù	xīngqītiān(/rì)
月曜日	火曜日	水曜日	木曜日	金曜日	土曜日	日曜日

第7課　小説 还是 漫画？（小説それとも漫画？）
Xiǎoshuō　háishi　mànhuà?

山本君（Shānběn）と李莉さん（Lǐ Lì）は本屋に入りました。

1

▶ A83　▶ A84

你 喜欢 不 喜欢 小说？
Nǐ xǐhuan bu xǐhuan xiǎoshuō?

我 喜欢 小说。
Wǒ xǐhuan xiǎoshuō.

喜欢 xǐhuan　好きだ　▶ A85
小说 xiǎoshuō　小説

2

你 喜欢 小说 还是 喜欢 漫画？
Nǐ xǐhuan xiǎoshuō háishi xǐhuan mànhuà?

我 喜欢 漫画。
Wǒ xǐhuan mànhuà.

还是 háishi　それとも
漫画 mànhuà　漫画

3

为 什么？
Wèi shénme?

因为 漫画 很 有趣。
Yīnwèi mànhuà hěn yǒuqù.

为什么 wèi shénme
　どうして

因为 yīnwèi　～だから
有趣 yǒuqù　おもしろ
　い：興味を引く

すぐトレ──中国語の漢字を発音しながら書きなさい。（ ）内は日本語の漢字です。

欢 huān（歓）

还 hái（還）

画 huà（画）

为 wèi（為）

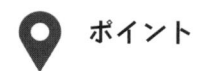 **ポイント**

1 「肯定＋否定」の疑問文

▶ A86

① 你 来 不 来 ?
Nǐ lái bu lái?

② 你 去 不 去 ?
Nǐ qù bu qù?

③ 你 听 不 听 音乐 ?　　　　　　　　　　　　　　　　　　[听　聞く] ▶ A87
Nǐ tīng bu tīng yīnyuè?　　　　　　　　　　　　　　　[音乐　音楽]

④ 这个　好 不 好 ?　　　　　　　　　　　　　　　　　　　[好　良い]
Zhèige hǎo bu hǎo?

すぐトレ ❶ ピンインと漢字で書き取りなさい。＿＿＿＿＿＿＿＿＿＿　＿＿＿＿＿＿＿＿＿＿

❷ 正しく並べなさい。
你　这个　不　喜欢　喜欢　＿＿＿＿＿＿＿＿＿＿＿＿＿＿＿

2 A还是B?　　：　　AそれともB?

▶ A88

① 牛肉　还是 鸡肉 ?　　　　　　　　　　　　　　　　　　[牛肉　牛肉] ▶ A89
Niúròu háishi jīròu?　　　　　　　　　　　　　　　　　[鸡肉　鶏肉]

② 你 喜欢 猫 还是 喜欢 狗 ?　　　　　　　　　　　　　　　　[猫　猫]
Nǐ xǐhuan māo háishi xǐhuan gǒu?　　　　　　　　　　　[狗　犬]

③ 上午　　有 课 还是 下午 有 课 ?
Shàngwǔ yǒu kè háishi xiàwǔ yǒu kè?

すぐトレ ❶ ピンインと漢字で書き取りなさい。＿＿＿＿＿＿＿＿＿＿　＿＿＿＿＿＿＿＿＿＿

❷ 正しく並べなさい。
去　你　去　他　还是　＿＿＿＿＿＿＿＿＿＿＿＿＿＿＿＿＿

3 　为什么？──因为～ 　： 　　どうして──～だから

▶ A90　① 为 什么？──因为 我 有 事。　　　　　　　　　　　　[事　用事]　▶ A91
　　　　Wèi shénme?　　Yīnwèi wǒ yǒu shì.

　② 你 为 什么 不 去？──因为 我 有 课。
　　　Nǐ wèi shénme bú qù?　　　Yīnwèi wǒ yǒu kè.
　　　　　　　　　　　　　　　＊"为什么" を文中に用いて「どうして～する／である」

　③ 这儿 为 什么 这么 热？──因为 人 太 多 了。　　[这么　こんなに][热　暑い]
　　　Zhèr wèi shénme zhème rè?　　　Yīnwèi rén tài duō le.　　　　[太～了　～すぎる]

すぐトレ 　❶ ピンインと漢字で書き取りなさい。 　_____　_____
　　❷ 正しく並べなさい。
　　　　因为　小说　我　喜欢　　　　　_____

休息一下

最短会話 1

3字以内でも何かを伝えられます。

会ったとき	你好！Nǐ hǎo! ／您好！Nín hǎo!	
	你们好！Nǐmen hǎo!	こんにちは！
別れるとき	再见。Zàijiàn.	さようなら。
感謝するとき	谢谢你。Xièxie nǐ.	ありがとう。
謝るとき	对不起。Duìbuqǐ.	すみません。
お礼を言われたとき	不客气。Bú kèqi.	どういたしまして。
謝られたりお礼を言われたりしたとき	没关系。Méi guānxi.	かまいません。

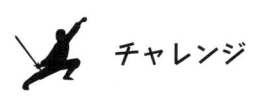 チャレンジ

1. 書き取り、30頁の漫画について中国語で答えなさい。

▶ A92　❶

　　　　❷

2. 書き取り、あなたについて中国語で答えなさい。

▶ A93　❶

　　　　❷

3. 否定文にしなさい。

　❶ 我 25 岁。

　❷ 我喝咖啡。

　❸ 学生食堂有中国菜。

4. 日本語に合うように（　）内の語句を並べなさい。

　❶ あなたは午前授業があるのですか、それとも午後授業があるのですか。
　　（你　上午　课　有　还是　下午　课　有）

　❷ あそこはどうしてあんなに暑いのですか。（那儿　为什么　热　那么）［那么　あんなに］

　❸ 漫画はおもしろいからです。（漫画　有趣　因为　很）

第8課　足球 比赛（サッカーの試合）
Zúqiú　bǐsài

明日は休み。山本君（Shānběn）は李莉さん（Lǐ Lì）に過ごし方を聞いてみます。

B01

B02

你 明天 做 什么？
Nǐ míngtiān zuò shénme?

我 明天 去 看 足球 比赛。
Wǒ míngtiān qù kàn zúqiú bǐsài.

同学们 都 去 吗？
Tóngxuémen dōu qù ma?

他们 都 去。
Tāmen dōu qù.

你 也 去 吧。
Nǐ yě qù ba.

好，我 也 去。
Hǎo, wǒ yě qù.

B03

做 zuò　する

看 kàn　見る
足球 zúqiú　サッカー
比赛 bǐsài　試合

同学们 tóngxuémen
　クラスメートたち；
　同級生たち
都 dōu　みんな

他们 tāmen　彼ら

也 yě　〜も
吧 ba　〜しよう（勧誘・
　提案）

すぐトレ──中国語の漢字を発音しながら書きなさい。（　）内は日本語の漢字です。

做 zuò　　　比 bǐ（比）　　　赛 sài（賽）　　　吧 ba

34

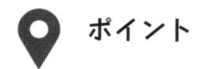 ポイント

1 　動詞 "去"（＋場所）＋動詞　　：　　（どこそこに）〜しに行く

▶ B04

① 她们 去 散步。　　　　　　　　　　　　　　　　　　　　［她们　彼女たち］ ▶ B05
　　Tāmen qù sànbù.　　　　　　　　　　　　　　　　　　　［散步　散歩する］

② 我 去 餐厅 吃 饭。　　　　　　　　　　　　　　　　　　　［餐厅　レストラン］
　　Wǒ qù cāntīng chī fàn.　　　　　　　　　　　　　　　　　［吃饭　食事をする］

③ 我　早上 去 看 电影。　　　　　　　　　　　　　　　　　　　［早上　朝］
　　Wǒ zǎoshang qù kàn diànyǐng.　　　　　　　　　　　　　［电影　映画］

④ 我们　晚上 去 购物 中心 买 衣服。　　　　　　　　　　　　　［晚上　夜］
　　Wǒmen wǎnshang qù gòuwù zhōngxīn mǎi yīfu.　　［购物中心　ショッピングセンター］
　　　　　　　　　　　　　　　　　　　　　　　　　　　　　　　　　　［衣服　服］

すぐトレ　❶ ピンインと漢字で書き取りなさい。 ＿＿＿＿＿＿＿＿＿　＿＿＿＿＿＿＿＿＿
　　　　　❷ 正しく並べなさい。
　　　　　　　去　他　散步　　　　　　　＿＿＿＿＿＿＿＿＿＿＿＿＿＿＿＿

2 　副詞 "都"＋動詞　　：　　みんな〜する／である

▶ B06

① 你们 都 看 电视 吗？　　　　　　　　　　　　　　　　　　　　［电视　テレビ］ ▶ B07
　　Nǐmen dōu kàn diànshì ma?

② 他们 都 是 一 年级 的 学生。　　　　　　　　　　　　　　　　　［年级　学年］
　　Tāmen dōu shì yī niánjí de xuésheng.

すぐトレ　❶ ピンインと漢字で書き取りなさい。 ＿＿＿＿＿＿＿＿＿　＿＿＿＿＿＿＿＿＿
　　　　　❷ 正しく並べなさい。
　　　　　　　学生　我们　都　是　　　　＿＿＿＿＿＿＿＿＿＿＿＿＿＿＿＿

▶ B08

① 我 也 买 智能 手机。　　　　　　　　　　　　　［智能手机　スマートフォン］　▶ B09
　Wǒ yě mǎi zhìnéng shǒujī.

② 你 也 喝 可乐 吗？　　　　　　　　　　　　　　　　　　　　　　［可乐　コーラ］
　Nǐ yě hē kělè ma?

③ 他们 也 都 是 中国 留学生。　＊"也" と "都" を用いるときは "也都" の語順
　Tāmen yě dōu shì Zhōngguó liúxuéshēng.

すぐトレ　❶ ピンインと漢字で書き取りなさい。　_____　_____

❷ 正しく並べなさい。
　　　我　看　比赛　也　　　_____

休息一下

料理の名は

　日本でポピュラーな中華料理です。注文するとき、スーパーで合わせ調味料を見かけたとき、正しい発音でつぶやいてみましょう。

饺子 jiǎozi　　　　　　　　ギョーザ　　　＊中国で "饺子" と言えば「水ギョーザ」

麻婆豆腐 mápó dòufu　　　　マーボ豆腐

回锅肉 huíguōròu　　　　　　ホイコーロー　＊中国で "肉" と言えば「豚肉」

青椒肉丝 qīngjiāo ròusī　　　チンジャオロース
　　　　　　　　　　　　　　　＊"青椒" は「ピーマン」、"肉丝" は「細切り豚肉」

干烧虾仁 gānshāo xiārén　　　エビのチリソース炒め
　　　　　　　　　　　　　　　＊"干烧" は「辛みを効かせたスープで煮込む」調理法、
　　　　　　　　　　　　　　　"虾仁" は「エビのむき身」

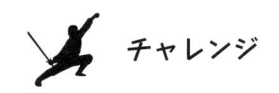 チャレンジ

1. 書き取り、34頁の漫画について中国語で答えなさい。

▶ B10　❶ _____　_____

　　　　❷ _____　_____

2. 書き取り、あなたについて中国語で答えなさい。

▶ B11　❶ _____　_____

　　　　❷ _____　_____

3. 漢字に直し、訳しなさい。

　　❶ Tā yě qù shūdiàn mǎi shū.　　　　　　　　　　　　　［书 shū　本］

　　_____　_____

　　❷ Tāmen dōu shì wǒ de tóngxué.　　　［同学 tóngxué　クラスメート：同級生］

　　_____　_____

4. 日本語に合うように（　）内の語句を並べなさい。

　　❶ 私はサッカーをしに行きます。（我　踢足球　去）　　［踢足球 tī zúqiú　サッカーをする］

　　_____

　　❷ あなたたちもみんなミルクを入れますか。（你们　都　也　牛奶　加　吗）
　　　　　　　　　　　　　　［牛奶 niúnǎi　ミルク：牛乳］［加 jiā　入れる：加える］

　　_____

　　❸ 私もウーロン茶を飲みます。（我　乌龙茶　喝　也）　　［乌龙茶 wūlóngchá　ウーロン茶］

　　_____

5. 時間の早い順に声に出して読みなさい。

▶ B12
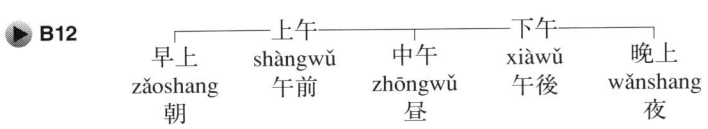

	上午		下午	
早上	shàngwǔ	中午	xiàwǔ	晚上
zǎoshang	午前	zhōngwǔ	午後	wǎnshang
朝		昼		夜

第9課　电子 游戏（テレビゲーム）
Diànzǐ　yóuxì

李莉さん（Lǐ Lì）は山本君（Shānběn）に電話をかけます。

▶ B13
▶ B14
▶ B15

1

喂，你在做 什么 呢？
Wéi, nǐ zài zuò shénme ne?

我 在玩儿 电子 游戏 呢。
Wǒ zài wánr diànzǐ yóuxì ne.

喂 wéi　もしもし
在 zài　～している
呢 ne　～なの？

玩儿 wánr　（～をして）
　遊ぶ
电子游戏 diànzǐ yóuxì
　テレビゲーム
呢 ne　～しているよ

2

有 意思 吗？
Yǒu yìsi ma?

很 有 意思。我 再 玩儿 一会儿。
Hěn yǒu yìsi. Wǒ zài wánr yíhuìr.

有意思 yǒu yìsi　おも
　しろい：楽しめる

再 zài　もう：さらに
一会儿 yíhuìr　しばら
　く

3

你 也 试试 吧。
Nǐ yě shìshi ba.

那，我 也 试试。
Nà, wǒ yě shìshi.

试 shì　やってみる

那 nà　じゃ

すぐトレ──中国語の漢字を発音しながら書きなさい。（ ）内は日本語の漢字です。

喂 wéi

儿 ér （児）

戏 xì （戯）

试 shì （試）

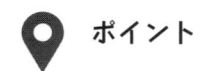 **ポイント**

1 副詞 "在" ＋動詞＋ "呢"　　：　　～しているよ

▶ **B16**

① 李 莉 在 上课 呢。
Lǐ Lì zài shàngkè ne.

［上课 授業に出る］ ▶ **B17**

② 爸爸 在 做 饭 呢。
Bàba zài zuò fàn ne.

［爸爸 お父さん；父］
［做饭 ご飯を作る］

③ 妈妈 在 打 电话 呢。
Māma zài dǎ diànhuà ne.

［妈妈 お母さん；母］
［打电话 電話をかける］

すぐトレ　❶ ピンインと漢字で書き取りなさい。＿＿＿＿＿＿＿＿＿　＿＿＿＿＿＿＿＿＿
　　　　　❷ 正しく並べなさい。
　　　　　　　电子游戏 玩儿 他 在 呢　＿＿＿＿＿＿＿＿＿＿＿＿＿＿＿＿＿

2 副詞 "再" ＋動詞＋時間の量／回数　　：　　もう～（時間の量／回数）～する

▶ **B18**

① 请 再 等 一下。
Qǐng zài děng yíxià.

［请 ～してください］ ▶ **B19**
［等 待つ］［一下 ちょっと］

② 请 再 说 一 遍。
Qǐng zài shuō yí biàn.

［说 言う；話す］
［遍 ～遍：～回］

③ 我 再 试 一 次 吧。
Wǒ zài shì yí cì ba.

［次 ～度：～回］

すぐトレ　❶ ピンインと漢字で書き取りなさい。＿＿＿＿＿＿＿＿＿＿＿＿＿＿＿＿＿
　　　　　❷ 正しく並べなさい。
　　　　　　　再 等 一会儿 我　＿＿＿＿＿＿＿＿＿＿＿＿＿＿＿＿＿＿＿

3 同じ動詞を重ねる ： ～してみる；ちょっと～する

▶ B20　① 我　尝尝　这个 菜。　　　　　　　　　　　　　　　［尝　味わう］ ▶ B21
　　　　Wǒ chángchang zhèige cài.

　　　② 你 看看　左边。　　　　　　　　　　　　　　　　　　　［左边　左］
　　　　Nǐ kànkan zuǒbian.

　　　③ 你们 休息休息 吧。　　　　　　　　　　　　　　　　［你们　あなたたち］
　　　　Nǐmen xiūxixiuxi　ba.　　　　　　　　　　　　　　　　　［休息　休む］

 すぐトレ　❶ ピンインと漢字で書き取りなさい。＿＿＿＿＿＿＿＿＿＿　＿＿＿＿＿＿＿＿＿
　　　　　　　❷ 正しく並べなさい。
　　　　　　　　　試　这个　我　试　　　＿＿＿＿＿＿＿＿＿＿＿＿＿＿＿＿＿＿＿

休息一下

名前当てクイズ②

外国から入った店の名前です。
元の発音に似せて作られたもの。

　　肯德基 Kěndéjī　　　　（　　　　　　　　　　　）

　　麦当劳 Màidāngláo　　（　　　　　　　　　　）

　　星巴克 Xīngbākè　　＊ロゴにも星　（　　　　　　　　　）

　　罗森 Luósēn　　　　＊コンビニ　（　　　　　　　　　　）

意味から作られたもの。

　　全家 Quánjiā　　　　＊コンビニ　（　　　　　　　　　）

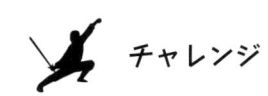 チャレンジ

1. 書き取り、38 頁の漫画について中国語で答えなさい。

▶ B22　❶

_____　_____

❷

_____　_____

2. 書き取り、あなたについて中国語で答えなさい。

▶ B23　❶

_____　_____

❷ 　　　　　　　　　　　　　　　　　　　　　　　　　　　　［写 xiě　書く］

_____　_____

3. 漢字に直し、訳しなさい。

❶ Wǒ zài wánr yíhuìr.

_____　_____

❷ Nǐmen xiūxixiuxi ba.

_____　_____

4. 日本語に合うように（　）内の語句を並べなさい。

❶ 妹はトランプをして遊んでいますよ。（妹妹　扑克　玩儿　在　呢）
　　　　　　　　　　　　　　　　　　　［妹妹 mèimèi　妹］［扑克 pūkè　トランプ］

_____

❷ もう一度やってみては。（再　一　试　你　吧　次）

_____

❸ ちょっと右を見て。（看　你　右边　看）　　　　　　　　　［右边 yòubian　右］

_____

5. 声に出して読んで覚えなさい。

▶ B24
我	你／您	他／她
wǒ	nǐ／nín	tā／tā
私	あなた／あなた（敬称）	彼／彼女
我们	你们	他们／她们
wǒmen	nǐmen	tāmen／tāmen
私たち	あなたたち	彼ら／彼女たち

第10課　打工（アルバイト）

Dǎgōng

この頃アルバイトを始めた李莉さん（Lǐ Lì）に、山本君（Shānběn）が尋ねます。

1 ▶ B25 ▶ B26

你 在 哪儿 打工？
Nǐ zài nǎr dǎgōng?

我 在 超市 打工。
Wǒ zài chāoshì dǎgōng.

在 zài 〜（場所）で ▶ B27
打工 dǎgōng　アルバイトをする

2

超市 离 你 家 近 吗？
Chāoshì lí nǐ jiā jìn ma?

超市 离 我 家 很 近。
Chāoshì lí wǒ jiā hěn jìn.

离 lí 〜から（隔たりを言う）
家 jiā　家
近 jìn　近い

3

从 你 家 到 超市 要 多 长 时间？
Cóng nǐ jiā dào chāoshì yào duō cháng shíjiān?

从 我 家 到 超市 要 五 分钟。
Cóng wǒ jiā dào chāoshì yào wǔ fēnzhōng.

从〜到〜 cóng〜dào〜　〜から〜まで
要 yào　かかる
多长时间 duō cháng shíjiān　どのくらいの時間

分钟 fēnzhōng　〜分（時間の量を表す単位）

すぐトレ——中国語の漢字を発音しながら書きなさい。（　）内は日本語の漢字です。

市 shì （市）

离 lí （離）

从 cóng （従）

长 cháng （長）

42

📍 ポイント

▶ B28

1 介詞 "在"＋場所＋動詞　：　　どこそこで～する

　　　　　　　＊介詞は、その直後の場所・物・人などを、後に続く動詞や形容詞に仲介する役割をするもの

① 她 在　快餐厅　工作。　　　　　　　　　　　　　　　　［快餐厅　ファーストフードの店］▶ B29
　Tā zài kuàicāntīng gōngzuò.　　　　　　　　　　　　　　　　　　　　　　　　　　［工作　働く］

② 我 在 大学 学习 汉语。　　　　　　　　　　　　　　　　　　［大学　大学］［学习　学ぶ］
　Wǒ zài dàxué xuéxí Hànyǔ.　　　　　　　　　　［汉语　中国語（"中文" Zhōngwén とも言う）］

③ 你 在 哪儿 学习 日语？　　　　　　　　　　　　　　　　　　　　　　　［日语　日本語］
　Nǐ zài nǎr xuéxí Rìyǔ?

④ 请　不要 在 这儿 抽烟。　　　　　　　　　　　　　　　　　　　［不要　～するな］
　Qǐng búyào zài zhèr chōuyān.　　　　　　　　　　　　　　　　［抽烟　たばこを吸う］

すぐトレ ❶ ピンインと漢字で書き取りなさい。＿＿＿＿＿＿＿＿＿　＿＿＿＿＿＿＿＿＿
　　　　❷ 正しく並べなさい。
　　　　　　超市　工作　在　他　　＿＿＿＿＿＿＿＿＿＿＿＿＿＿＿＿＿＿＿

2 介詞 "离"＋場所＋形容詞 "近／远"　：　　どこそこから近い／遠い

▶ B30

① 学校　离 车站 比较 近。　　　　　　　　　　　　　　　　　　　　　［车站　駅］▶ B31
　Xuéxiào lí chēzhàn bǐjiào jìn.　　　　　　　　　　　　　　　　　　　［比较　わりと］

② 医院　离 这儿 不 远。　　　　　　　　　　　　　　　　　　　　　［医院　病院］
　Yīyuàn lí zhèr bù yuǎn.　　　　　　　　　　　　　　　　　　　　　　［远　遠い］

すぐトレ ❶ ピンインと漢字で書き取りなさい。＿＿＿＿＿＿＿＿＿　＿＿＿＿＿＿＿＿＿
　　　　❷ 正しく並べなさい。
　　　　　　远　很　车站　离　学校　　＿＿＿＿＿＿＿＿＿＿＿＿＿＿＿＿＿

▶ **B32**

① 从　　公交车站　到 地铁站 很 近。
Cóng gōngjiāochēzhàn dào dìtiězhàn hěn jìn.

② 从　机 场 到 市 中 心 有 二十 公里。
Cóng jīchǎng dào shì zhōngxīn yǒu èrshí gōnglǐ.

［公交车站　バス停］ ▶ **B33**
［地铁站　地下鉄の駅］

［机场　空港］［市中心　市の中心］
［公里　〜キロメートル］

すぐトレ ❶ ピンインと漢字で書き取りなさい。＿＿＿＿＿＿＿＿＿　＿＿＿＿＿＿＿

 ❷ 正しく並べなさい。

地铁站　从　到　要　机场　分钟　五　＿＿＿＿＿＿＿＿＿＿＿＿＿

休息一下

指で表す数字

　中国人が片手の指を使って 1−10 の数字を表す方法です。レストランで人数を聞かれたとき
や買い物のときに、数字を言いながら使ってみましょう。

一 yī	二 èr	三 sān	四 sì	五 wǔ

六 liù	七 qī	八 bā	九 jiǔ	十 shí

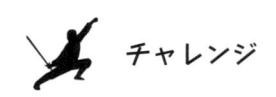 チャレンジ

1. 書き取り、42頁の漫画について中国語で答えなさい。

▶ B34　❶

　　　　　❷

2. 書き取り、あなたについて中国語で答えなさい。

▶ B35　❶　　　　　　　　　　　　　　　　　　　　　　　　　　［邮局 yóujú　郵便局］

　　　　　❷

3. 「肯定＋否定」の疑問文にしなさい。

　　❶ 你在大学学习汉语。

　　❷ 银行离这儿很远。　　　　　　　　　　　　　　　　［银行 yínháng　銀行］

　　❸ 从你家到学校大门要 30 分钟。　　　　　　　　　　［大门 dàmén　正門］

4. 日本語に合うように（　　）内の語句を並べなさい。

　　❶ 私は午後図書館で本を読みます。（我　下午　图书馆　在　看书）
　　　　　　　　　　　　　　　［图书馆 túshūguǎn　図書館］［看书 kàn shū　本を読む］

　　❷ ホテルは空港から近いですか。（饭店　机场　离　近　吗）　　［饭店 fàndiàn　ホテル］

　　❸ 私の家から学校まで１時間かかります。（我　家　从　学校　到　一　个小时　要）
　　　　　　　　　　　　　　　　　　　　　　　　　　　　　［个小时 ge xiǎoshí　～時間］

第11課　游泳（水泳）

Yóuyǒng

山本君（Shānběn）が通うスポーツクラブに、李莉さん（Lǐ Lì）が体験に来ました。

1

▶ B36
▶ B37

你会 游泳 吗？
Nǐ huì yóuyǒng ma?

我会 游泳。
Wǒ huì yóuyǒng.

会 huì　（練習をして）　▶ B38
　　〜できる

游泳 yóuyǒng　泳ぐ；
　　水泳

2

蛙泳 比 自由泳 难 吗？
Wāyǒng bǐ zìyóuyǒng nán ma?

蛙泳 没有 自由泳 难。
Wāyǒng méiyǒu zìyóuyǒng nán.

蛙泳 wāyǒng　平泳ぎ
比 bǐ　〜より
自由泳 zìyóuyǒng　ク
　　ロール
难 nán　難しい

没有 méiyǒu　〜ほど
　　〜ではない

3

你 今天 能 游泳 吗？
Nǐ jīntiān néng yóuyǒng ma?

我 今天 没有 时间，不 能 游泳。
Wǒ jīntiān méiyǒu shíjiān, bù néng yóuyǒng.

能 néng　（条件や能力
　　があり）〜できる

时间 shíjiān　時間

すぐトレ──中国語の漢字を発音しながら書きなさい。（　）内は日本語の漢字です。

游 yóu（遊）　　难 nán（難）　　时 shí（時）　　间 jiān（間）

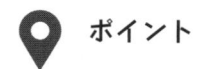 **ポイント**

---

1 助動詞 "会" ＋動詞 ： （練習をして）～できる

▶ B39

① 他 妹妹 会 说 英语。 [英语 英語] ▶ B40
Tā mèimei huì shuō Yīngyǔ.

② 你 会 不 会 开车 ？ ＊助動詞を「肯定＋否定」にする [开车 車を運転する]
Nǐ huì bu huì kāichē?

③ 我们 都 会 跳舞。 [跳舞 踊る]
Wǒmen dōu huì tiàowǔ.

すぐトレ ❶ ピンインと漢字で書き取りなさい。 ＿＿＿＿＿＿＿＿＿ ＿＿＿＿＿＿＿＿＿
❷ 正しく並べなさい。
开车 吗 你 会 ＿＿＿＿＿＿＿＿＿＿＿＿＿＿＿＿

---

2 A＋介詞 "比" ＋B＋形容詞 ： AはBより～だ
A＋ "没有" ＋B＋形容詞 ： AはBほど～ではない

▶ B41

① 北京 比 上海 冷。 ＊"很" は要らない [北京 北京] [上海 上海] ▶ B42
Běijīng bǐ Shànghǎi lěng. [冷 寒い]

② 弟弟 比 我 矮 一点儿。 ＊形容詞の後に違いの程度を示す言葉を置くこともある
Dìdi bǐ wǒ ǎi yìdiǎnr. [弟弟 弟] [矮 （背が）低い] [一点儿 少し]

③ 这 座 山 没有 那 座 山 高。 [这 この：これ] [座 山などを数える単位]
Zhèi zuò shān méiyǒu nèi zuò shān gāo. [山 山] [那 あの：あれ] [高 （高さが）高い]

すぐトレ ❶ ピンインと漢字で書き取りなさい。 ＿＿＿＿＿＿＿＿＿ ＿＿＿＿＿＿＿＿＿
❷ 正しく並べなさい。
没有 高 我 弟弟 ＿＿＿＿＿＿＿＿＿＿＿＿＿＿＿＿

B43

① 你 现在 能 帮助 我 吗？
Nǐ xiànzài néng bāngzhù wǒ ma?

[帮助 手伝う] **B44**

② 你 能 不 能 早 一点儿 来？
Nǐ néng bu néng zǎo yìdiǎnr lái?

[早 早い]

③ 这个 药 能 治 这 种 病。
Zhèige yào néng zhì zhèi zhǒng bìng.

[药 薬] [治 治す]
[种 種類] [病 病気]

すぐトレ ❶ ピンインと漢字で書き取りなさい。 ＿＿＿＿＿＿＿＿＿ ＿＿＿＿＿＿＿＿＿
❷ 正しく並べなさい。
能 游泳 今天 我 ＿＿＿＿＿＿＿＿＿＿＿＿＿＿

休息一下

最短会話②

2字以内でも、さらにこんなことを伝えられます。

相手の言うことが合っているとき	对。Duì.	そうです。
何か勧めるとき	请。Qǐng.	どうぞ。
道などを尋ねるとき	请问。Qǐngwèn.	お尋ねします。
先生に尋ねるとき	请教。Qǐng jiào.	教えてください。
お客さんが来たとき	请进。Qǐng jìn.	お入りください。
席をすすめるとき	请坐。Qǐng zuò.	お掛けください。

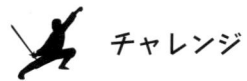 チャレンジ

1．書き取り、46 頁の漫画について中国語で答えなさい。

▶ B45　❶

　　　　❷

2．書き取り、あなたについて中国語で答えなさい。

▶ B46　❶

　　　　❷

3．漢字に直し、訳しなさい。

❶ Tāmen dōu bú huì huáxuě.　　　　　　　　　　　［滑雪 huáxuě　スキーをする］

❷ Hányǔ méiyǒu Hànyǔ nán.　　　　　　　　　　　　　　［韩语 Hányǔ　韓国語］

❸ Wǒ jīntiān yǒu kè, bù néng qù wánr.

4．日本語に合うように（　）内の語句を並べなさい。

❶ 私はアイススケートができません。（我　滑冰　会　不）
　　　　　　　　　　　　　　　　　［滑冰 huábīng　アイススケートをする］

❷ 兄は弟より少し高い。（哥哥　弟弟　比　一点儿　高）　　　［哥哥 gēge　兄］

❸ あの医師は手術ができますか。（那个　医生　做手术　能　吗）
　　　　　　　　　　［医生 yīshēng　医師］［做手术 zuò shǒushù　手術をする］

第12課　王 老师 的 家（王先生の家）

Wáng　lǎoshī　de　jiā

山本君（Shānběn）は中国語の王先生を訪ねたく、王先生と親しい李莉さん（Lǐ Lì）に尋ねます。

1
▶ B47
▶ B48

去 王 老师 的 家 怎么 走？
Qù Wáng lǎoshī de jiā zěnme zǒu?

你 不 知道 吗？
Nǐ bù zhīdào ma?

怎么 zěnme　どのよう
に　　▶ B49

走 zǒu　行く：出かけ
る

知道 zhīdào　知ってい
る

2

我 给 你 看 地图 吧。
Wǒ gěi nǐ kàn dìtú ba.

谢谢 你。
Xièxie nǐ.

给 gěi　〜（のため）に
地图 dìtú　地図

谢谢 xièxie　〜に感謝
する：ありがとう

3

我 告诉 你 他 的 手机 号码。
Wǒ gàosu nǐ tā de shǒujī hàomǎ.

那，我 先 打 电话 再 去 吧。
Nà, wǒ xiān dǎ diànhuà zài qù ba.

告诉 gàosu　教える：
知らせる
手机 shǒujī　携帯電話
号码 hàomǎ　番号

先〜再〜 xiān~zài~
先に〜し、それから
〜する

すぐトレ──中国語の漢字を発音しながら書きなさい。（　）内は日本語の漢字です。

给 gěi （給）

图 tú （図）

谢 xiè （謝）

电 diàn （電）

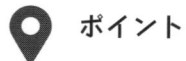 ポイント

1 "怎么"＋動詞 ： どのように～するか

▶B50
① 去 车站 怎么 走 ?
Qù chēzhàn zěnme zǒu?

② 这个 字 怎么 念 ?
Zhèige zì zěnme niàn?

[字 字] ▶B51
[念 （声に出して）読む]

すぐトレ ❶ ピンインと漢字で書き取りなさい。　_____　_____
❷ 正しく並べなさい。
地图 怎么 这个 看　_____

2 介詞 "给"＋人＋動詞 ： だれだれ（のため）に～する

▶B52
① 我 给 你 念念。
Wǒ gěi nǐ niànnian.

② 晚上　给 我 打 电话 好 吗 ?
Wǎnshang gěi wǒ dǎ diànhuà hǎo ma?

③ 你 给 他 发 电子 邮件 吧。
Nǐ gěi tā fā diànzǐ yóujiàn ba.

[发 （メールやファックスを）送る] ▶B53
[电子邮件 メール]

すぐトレ ❶ ピンインと漢字で書き取りなさい。　_____　_____
❷ 正しく並べなさい。
你 给 念 我 吧　_____

3 A＋動詞＋人＋物 ： Aがだれだれになになにを〜する

▶B54

① 我 告诉 你 那 家 商店 的 地址。
Wǒ gàosu nǐ nèi jiā shāngdiàn de dìzhǐ.

② 我 给 你 糖。
Wǒ gěi nǐ táng.

③ 谁 教 你们 汉语？
Shéi jiāo nǐmen Hànyǔ?

［家 〜軒（店、家、会社などを数える単位）］
［商店 店］［地址 住所；アドレス］　▶B55

［给 あげる］

［糖 あめ］

［谁 誰］
［教 教える］

すぐトレ ❶ ピンインと漢字で書き取りなさい。　_____ _____
❷ 正しく並べなさい。
告诉 你 手机号码 我　_____

休息一下

漢詩を覚えましょう

お正月に披露したらお年玉アップ？社会に出たら「芸」になります。唐代の詩人、張継が8世紀に姑蘇（現在の蘇州）を旅した時の詩です。意味も忘れず覚えておきましょう。

▶B56

枫 桥 夜 泊
fēng qiáo yè bó

月 落 乌 啼 霜 满 天
yuè luò wū tí shuāng mǎn tiān

江 枫 渔 火 对 愁 眠
jiāng fēng yú huǒ duì chóu mián

姑 苏 城 外 寒 山 寺
gū sū chéng wài hán shān sì

夜 半 钟 声 到 客 船
yè bàn zhōng shēng dào kè chuán

楓橋 夜泊
（ふうきょう や はく）

月落ち烏啼いて霜天に満つ
（つきお からすな しもてん み）

江楓漁火 愁眠に対す
（こうふうぎょか しゅうみん たい）

姑蘇 城 外寒山寺
（こ そ じょうがいかんざん じ）

夜半の鐘声客船に到る
（や はん しょうせいかくせん いた）

月が落ち、烏が鳴いて、空からは今にも霜が降りてきそうである。紅葉した川辺の楓（かえで）を照らす漁火（いさりび）が、旅愁を覚え寝られないでいる私の目に入ってくる。ここは姑蘇の外れであり、近くの寒山寺の夜半の鐘の音が旅路（たびじ）にある私の船まで聞こえてくる。

52

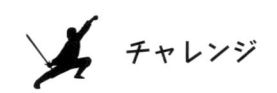 チャレンジ

1. 書き取り、50頁の漫画について中国語で答えなさい。

▶ B57　❶

　　　　❷　　　［信 xìn　手紙］

2. 書き取り、あなたについて中国語で答えなさい。

▶ B58　❶

　　　　❷

3. 漢字に直し、訳しなさい。

　　❶ Wǒ xiān chī fàn zài xǐzǎo.　　　　　　　　　　　　［洗澡 xǐzǎo　入浴する］

　　❷ Wǒ fùmǔ jīngcháng gěi wǒ xiě xìn.　　　［父母 fùmǔ　両親］［经常 jīngcháng　いつも］

　　❸ Wǒ gàosu nǐ tā de dìzhǐ.

4. 日本語に合うように（　）内の語句を並べなさい。

　　❶ 動物園へはどのように行きますか。（动物园　怎么　去　走）［动物园 dòngwùyuán　動物園］

　　❷ あなたは彼にファックスを送ったら。（你　他　给　发　传真　吧）
　　　　　　　　　　　　　　　　　　　　　　　　　　　　［传真 chuánzhēn　ファックス］

　　❸ 誰があなたたちに会話を教えていますか。（谁　你们　会话　教）　　［会话 huìhuà　会話］

第13課　去 中国（中国行き）

Qù Zhōngguó

山本君（Shānběn）は春休みに李莉さん（Lǐ Lì）の故郷、北京に短期留学することにしました。

1　▶ B59　▶ B60

护照　办好　了　吗？
Hùzhào bànhǎo le ma?

办好　了。
Bànhǎo le.

护照 hùzhào　パスポート　▶ B61
办好 bànhǎo　うまく処理する：ちゃんと準備する
了 le　〜した：〜になった

2

你　想　去　哪儿？
Nǐ xiǎng qù nǎr?

我　想　去　长城　和　故宫。
Wǒ xiǎng qù Chángchéng hé Gùgōng.

想 xiǎng　〜したいと思う
长城 Chángchéng　長城
和 hé　〜と〜
故宫 Gùgōng　故宫

3

你　吃过　烤鸭　吗？
Nǐ chīguo kǎoyā ma?

我　没　吃过。
Wǒ méi chīguo.

过 guo　〜したことがある
烤鸭 kǎoyā　アヒルの丸焼き（ここでは「北京ダック」）
没 méi　〜（したことが）ない：〜（して）いない

すぐトレ——中国語の漢字を発音しながら書きなさい。（　）内は日本語の漢字です。

护 hù（護）

办 bàn（辦）

宫 gōng（宮）

鸭 yā（鴨）

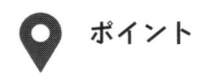 **ポイント**

1 　動詞／形容詞＋"了"　　：　　〜した／になった

▶ B62
① 他 已经 走 了。　　　　　　　　　　　　　　　　　　　　　　　［已经　もう］▶ B63
　　Tā yǐjīng zǒu le.

② 我 姐姐 的 病 好 了。
　　Wǒ jiějie de bìng hǎo le.

③ 你 吃 了 吗？
　　Nǐ chī le ma?

④ 我 还 没 吃。　　　　＊否定文は動詞や形容詞の前に"没"を置き、"了"は付けない
　　Wǒ hái méi chī.　　　　　　　　　　　　　　　　　　　　　　　　　　［还　まだ］

すぐトレ　❶ ピンインと漢字で書き取りなさい。＿＿＿＿＿＿＿＿＿＿　＿＿＿＿＿＿＿＿＿＿
　　　　　　❷ 正しく並べなさい。
　　　　　　　　的　病　她　好　了　　　＿＿＿＿＿＿＿＿＿＿＿＿＿＿＿＿＿

2 　助動詞"想"＋動詞　　：　　〜したいと思う

▶ B64
① 我 想 学习 中国 历史。　　　　　　　　　　　　　　　　　　　　［中国　中国］▶ B65
　　Wǒ xiǎng xuéxí Zhōngguó lìshǐ.　　　　　　　　　　　　　　　　　　　［历史　歴史］

② 我 累 了，不 想 去。　＊否定文は"想"の前に"不"を置く　　［累　疲れている］
　　Wǒ lèi le, bù xiǎng qù.

③ 你 想 不 想 去 旅游？　　　　　　　　　　　　　　　　　　　　［旅游　旅行する］
　　Nǐ xiǎng bu xiǎng qù lǚyóu?

すぐトレ　❶ ピンインと漢字で書き取りなさい。＿＿＿＿＿＿＿＿＿＿　＿＿＿＿＿＿＿＿＿＿
　　　　　　❷ 正しく並べなさい。
　　　　　　　　旅游　我　去　想　　　＿＿＿＿＿＿＿＿＿＿＿＿＿＿＿＿＿

▶ B66　① 他 去年 去过 台湾。　　　　　　　　　　　　　　　［去年　去年］▶ B67
　　　　　Tā qùnián qùguo Táiwān.　　　　　　　　　　　　　［台湾　台湾］

② 我 还 没 坐过 飞机。　＊否定文は動詞の前に "没" を置き、"过" は残す
　　Wǒ hái méi zuòguo fēijī.　　　　　　　　　　　［坐　（乗り物に）乗る］［飞机　飛行機］

すぐトレ　❶ ピンインと漢字で書き取りなさい。 _____　_____

　　　　　❷ 正しく並べなさい。
　　　　　　　吃 他 烤鸭 过 _____

休息一下

小学校の時間割

中国人は最初にどのような授業を受けるのでしょうか。ある小学校の 1 年生の時間割です。

	星期一	星期二	星期三	星期四	星期五
1	数学	数学	语文	数学	英语
2	韵律	语文	品生	语文	数学
3	体育	美术	音乐	英语	语文
4	语文	综合	语文	手工	阅读
5	英语	品生	体锻	音乐	
6	班会	体育	写字	体育	

　日本の授業の何に当たるかというと、"语文" yǔwén は「国語」、"班会" bānhuì は「クラス会」
です。"品生"pīnshēng は "品德和生活" の略で「道徳」に当たります。"韵律" は "韵律操" yùnlǜcāo
の略で「リズム体操」をします。一般に 8 時開始で、40 分授業の合間に 10 分休みがあります。
4 時間目までが午前です。

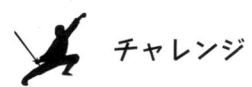 チャレンジ

1．書き取り、54 頁の漫画について中国語で答えなさい。

▶ B68 ❶ _____ _____

❷ _____ _____

2．書き取り、あなたについて中国語で答えなさい。

▶ B69 ❶ _____ _____

❷ _____ _____
［什么地方 dìfang　どこ］

3．下線部を尋ねる疑問文にしなさい。

❶ 他想去<u>上海的</u>动物园。

_____

❷ 我明年 <u>20 岁</u>。

_____

❸ 他去<u>北京</u>留学。　　　　　　　　　　　　　　　　　［留学 liúxué　留学する］

_____

4．日本語に合うように（　）内の語句を並べなさい。

❶ 子どもたちはみんな出かけましたか。（孩子们　都　走　了　吗）
［孩子们 háizimen　子供たち］

_____

❷ 私は疲れて、眠りたい。（我　累　睡觉　想　了）　　　　　［睡觉 shuìjiào　眠る］

_____

❸ あなたは羊肉を食べたことがありますか。（你　羊肉　吃　过　吗）［羊肉 yángròu　羊肉］

_____

第14課　买 东西（買い物）
Mǎi　dōngxi

山本君（Shānběn）は北京の個人商店で買い物に挑戦します。

1

▶ B70
▶ B71

我 要 钱包，这个 多少 钱？
Wǒ yào qiánbāo, zhèige duōshao qián?

这个 钱包 二百 块。
Zhèige qiánbāo èrbǎi kuài.

買东西 mǎi dōngxi ▶ B72
　買い物する
要 yào　欲しい
钱包 qiánbāo　財布
多少钱 duōshao qián
　（値段が）いくら

块 kuài　～元(げん)（お金の
　単位）

2

太 贵 了，再 便宜 一点儿 吧。
Tài guì le, zài piányi yìdiǎnr ba.

一百 五十 块 怎么样？
Yìbǎi wǔshí kuài zěnmeyàng?

贵 guì　（値段が）高い
再 zài　（これより）もっ
　と

3

可以。给 你 二百 块。
Kěyǐ. Gěi nǐ èrbǎi kuài.

找 您 五十 块。
Zhǎo nín wǔshí kuài.

找 zhǎo　お釣りを出す

すぐトレ——中国語の漢字を発音しながら書きなさい。（　）内は日本語の漢字です。

钱 qián（銭）　　包 bāo（包）　　贵 guì（貴）　　找 zhǎo

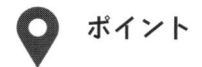 ポイント

1 中国のお金 "人民币"

块 kuài：～元（お金の単位）。"元" yuán とも言い、ここから "人民币" rénmínbì を日本語 ▶ B73
　　　　では「人民元；中国元」と言う。紙幣では "圆" yuán の字が使われている。

毛 máo ：～角（お金の単位）。"角" jiǎo とも言い、1 元の 10 分の 1

分 fēn ：～分（お金の単位）。1 元の 100 分の 1

 　100 元札と 50 元札

「日本円」は "日元" rìyuán、「アメリカドル」は "美元" měiyuán。

すぐトレ ❶ ピンインと漢字で書き取りなさい。＿＿＿＿＿＿＿＿＿＿　＿＿＿＿＿＿＿＿＿＿
　　　　　❷（　）に数字を書きなさい。
　　　　　　　1 块 =（　　　）毛　　1 毛 =（　　　）分

2 商品の値段

▶ B74　① 这 件 衬衫 一百 零 五 块。　＊動詞 "是" は不要　　　［件 ～着］▶ B75
　　　　Zhèi jiàn chènshān yìbǎi líng wǔ kuài.　　　　　　　［衬衫 シャツ：ブラウス］［零 ゼロ］

　　② 这 台 电脑 两千 二百 二十 块。　　　　［台 ～台（機械を数える単位）］
　　　　Zhèi tái diànnǎo liǎngqiān èrbǎi èrshí kuài.　　［电脑 コンピュータ］［千 千］

　　③ 这个 口罩儿 多少 钱？　　　　　　　　　　　　　　［口罩儿 マスク］
　　　　Zhèige kǒuzhàor duōshao qián?

　　　　＊「100」は "一百"、「1000」は "一千" のように "一" が必要
　　　　＊「105」は "一百零五"、「1005」は "一千零五" のように、間がゼロの場合は "零" を入れる
　　　　＊「2220」は "两千二百二十" のように、"千" の前は "两" を用いる

すぐトレ ❶ ピンインと漢字で書き取りなさい。＿＿＿＿＿＿＿＿＿＿＿＿＿＿＿＿＿＿
　　　　　❷ 漢字で書きなさい。
　　　　　　　2005　　　　　　　　＿＿＿＿＿＿＿＿＿＿＿＿＿＿＿＿＿＿＿＿＿

▶ B76

① 再 便宜 一点儿 吧。
Zài piányi yìdiǎnr ba.

② 能 不 能 便宜 一点儿 ？
Néng bu néng piányi yìdiǎnr?

すぐトレ ❶ ピンインと漢字で書き取りなさい。 ＿＿＿＿＿＿＿＿＿＿＿ ＿＿＿＿＿＿＿＿＿＿＿

 ❷ 正しく並べなさい。
一点儿 便宜 吧 ＿＿＿＿＿＿＿＿＿＿＿＿＿＿＿＿＿＿

休息一下

ピンチのときのひと言

中国語で困った状況を切り抜けます。最初に "对不起" Duìbuqǐ （すみません）をつけると
やわらかくなります。

| 聞き取れないとき | 听不懂。Tīngbudǒng. | （聞いて）分かりません。 |

| もう一遍聞きたいとき | 请再说一遍。Qǐng zài shuō yí biàn. | もう一遍言ってください。 |

| 言葉が早すぎるとき | 请慢一点儿说。Qǐng màn yìdiǎnr shuō. | 少しゆっくり話してください。 |

| 書いてあるものが分からないとき | 看不懂。Kànbudǒng. | （見て）分かりません。 |

| 書いてほしいとき | 请写一下。Qǐng xiě yíxià. | ちょっと書いてください。 |

| 意味を知りたいとき | 什么意思？Shénme yìsi? | どういう意味ですか。 |

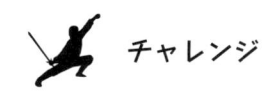 チャレンジ

1. 読まれた金額をピンインと漢字で書きなさい。

▶ B77 ❶

❷

❸

❹

2. 漢字に直し、58頁の漫画について中国語で答えなさい。

❶ Shānběn xiǎng mǎi kùzi ma?　　　　　　　　　　　　［裤子 kùzi　パンツ：ズボン］

❷ Zhèi jiā shāngdiàn mài bu mài píngguǒ?　　　［卖 mài　売る］［苹果 píngguǒ　りんご］

❸ Lǎobǎn shì nánde háishi nǚde?

　　　　　　　　　　　　　　　［老板 lǎobǎn　店主］［男的 nánde　男の人］［女的 nǚde　女の人］

3. 日本語に合うように（　）内の語句を並べなさい。

❶ このTシャツはいくらですか。（这个　多少钱　T恤）　　　　　　　　　［T恤 Txù　Tシャツ］

❷ 高すぎるので、少し安くできませんか。（贵　太　了　一点儿　便宜　能　能　不）

❸ 10元のお釣りです。（十　块　您　找）

第15課　自我 介绍（自己紹介）

Zìwǒ　jièshào

山本君、きょうはいよいよ中国人の学生の前で自己紹介です。

▶ B78
▶ B79

你们　好！　我　叫　山本　大地。我　第　一　次　来
Nǐmen　hǎo!　Wǒ　jiào　Shānběn　Dàdì.　Wǒ　dì　yī　cì　lái

中国。　我　是　东西　大学　一　年级　的　学生。我　学习
Zhōngguó.　Wǒ　shì　Dōngxī　dàxué　yī　niánjí　de　xuésheng.　Wǒ　xuéxí

汉语　一　年　了，会　说　简单　的　汉语。我　今年　20　岁,
Hànyǔ　yì　nián　le,　huì　shuō　jiǎndān　de　Hànyǔ.　Wǒ　jīnnián　èrshí　suì,

生日　是　5　月　8　号。我　家　在　东京。我　家　有　四　口
shēngrì　shì　wǔ　yuè　bā　hào.　Wǒ　jiā　zài　Dōngjīng.　Wǒ　jiā　yǒu　sì　kǒu

人，父亲、母亲、姐姐　和　我。我　的　爱好　是　打　乒乓球。
rén,　fùqin,　mǔqin,　jiějie　hé　wǒ.　Wǒ　de　àihào　shì　dǎ　pīngpāngqiú.

我　希望　跟　大家　一起　打。以后　你们　有　工夫　的　时候,
Wǒ　xīwàng　gēn　dàjiā　yìqǐ　dǎ.　Yǐhòu　nǐmen　yǒu　gōngfu　de　shíhou,

请　跟　我　联系。我　的　手机　号码　是　1 3 4 – 3 4 5
qǐng　gēn　wǒ　liánxì.　Wǒ　de　shǒujī　hàomǎ　shì　yāo　sān　sì　-　sān　sì　wǔ

6 – 7 8 9 1。我　介绍完　了。请　多多　关照。
liù　-　qī　bā　jiǔ　yāo.　Wǒ　jièshàowán　le.　Qǐng　duōduō　guānzhào.

第一次 dì yī cì　初めて　▶ B80
学生 xuésheng　学生
年 nián　～年（時間の量を表す単位）
简单 jiǎndān　簡単である
生日 shēngrì　誕生日
口 kǒu　～人（家族の人数を数える単位）
父亲 fùqin　父
母亲 mǔqin　母
爱好 àihào　趣味
打乒乓球 dǎ pīngpāngqiú　卓球をする（こと）
希望 xīwàng　（～をするよう）希望する
跟 gēn　～と；～に
大家 dàjiā　みなさん
以后 yǐhòu　今後
工夫 gōngfu　暇
的时候 de shíhou　～のとき
联系 liánxì　連絡する
＊電話番号の"1"は習慣上 yāo と読む
介绍 jièshào　紹介する
完 wán　～し終わる
多多 duōduō　なにとぞ
关照 guānzhào　面倒を見る

すぐトレ──中国語の漢字を発音しながら書きなさい。（　）内は日本語の漢字です。

东 dōng（東）　简 jiǎn（簡）　运 yùn（運）　动 dòng（動）

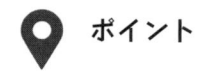 **ポイント**

1　"我学习～"＋時間の量＋"了"　　：　　私は～を学んで～（時間の量）になった

▶B81　① 我 学习 汉语 半 年 了。
Wǒ xuéxí Hànyǔ bàn nián le.

② 我 学习 英语 两 个 月 了。　　　　　　　　　　　　　[个月 ～か月] ▶B82
Wǒ xuéxí Yīngyǔ liǎng ge yuè le.

③ 我 学习 电脑 三 个 星期 了。　　　　　　　　　　　[个星期 ～週間]
Wǒ xuéxí diànnǎo sān ge xīngqī le.

④ 我 学习 游泳 四 天 了。　　　　　　　[天 ～日（時間の量を表す単位）]
Wǒ xuéxí yóuyǒng sì tiān le.

すぐトレ　❶ ピンインと漢字で書き取りなさい。＿＿＿＿＿＿＿＿＿＿＿　＿＿＿＿＿＿＿
　　❷ あなたについて（　）に書き、声に出して読みなさい。
　　　　我学习汉语（　　　）个月了。

2　誕生日

▶B83　① 我 的 生日 11 月 29 号。
Wǒ de shēngrì shíyī yuè èrshijiǔ hào.
　　　　＊動詞"是"は不要。ただし 62 頁 4 行目のように説明口調の場合は"是"が要る

② 我 的 生日 2 0 0 1 年 5 月 8 号。　　　　　　　　[年 ～年] ▶B84
Wǒ de shēngrì èr líng líng yī nián wǔ yuè bā hào.
　　　　　　　　　＊生まれ年は、電話番号と同様、数字を一つ一つ読む

③ 你 的 生日 几 月 几 号？
Nǐ de shēngrì jǐ yuè jǐ hào?

すぐトレ　❶ ピンインと漢字で書き取りなさい。＿＿＿＿＿＿＿＿＿＿＿　＿＿＿＿＿＿＿
　　❷ あなたについて（　）に書き、声に出して読みなさい。
　　　　我的生日（　　　）月（　　　）号。

▶ **B85**

① 我 家 在 大阪。 ＊居住地
　Wǒ jiā zài Dàbǎn.

② 我 老家 在 北海道。 ＊出身地 ［老家　故郷］ ▶ **B86**
　Wǒ lǎojiā zài Běihǎidào.

③ 你 老家 在 哪儿？
　Nǐ lǎojiā zài nǎr?

すぐトレ ❶ ピンインと漢字で書き取りなさい。 ＿＿＿＿＿＿＿＿＿　＿＿＿＿＿＿＿＿＿

　　　　❷ あなたについて（　）に書き、声に出して読みなさい。
　　　　我家在（　　　　　　　）。

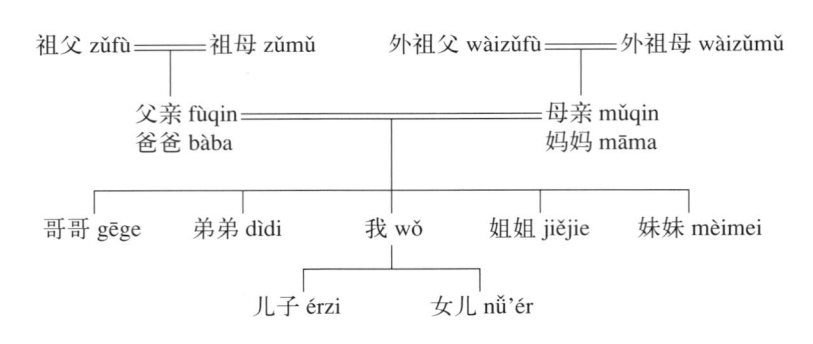

休息一下

親族名称

祖父 zǔfù ＝＝＝ 祖母 zǔmǔ　　　外祖父 wàizǔfù ＝＝＝ 外祖母 wàizǔmǔ

父亲 fùqin ＝＝＝＝＝＝＝＝＝＝ 母亲 mǔqin
爸爸 bàba　　　　　　　　　　妈妈 māma

哥哥 gēge　　弟弟 dìdi　　我 wǒ　　姐姐 jiějie　　妹妹 mèimei

儿子 érzi　　　　女儿 nǚ'ér

　「祖父、祖母」をはじめ「おじ、おば」「おい、めい」など、父方か母方か、年上か年下か等により異なる名称になります。辞書の付録などに詳しくあるので、見てみましょう。「〇〇おじさんは"舅舅"jiùjiu なんだな」など、自分の親族に当てはめると覚えやすくなります。

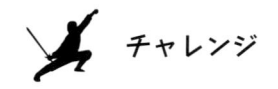 チャレンジ

62頁の自己紹介文をあなた仕様にし、声に出して読みなさい。

你们 好！ 我 叫 （　　　　　　）。 我 第 一 次 来 中国。 我 是
Nǐmen hǎo! Wǒ jiào （　　　　　　）. Wǒ dì yī cì lái Zhōngguó. Wǒ shì

（　　　　） 大学 （　　） 年级 的 学生。 我 学习 汉语 （　　　　） 了，
（　　　　） dàxué （　　） niánjí de xuésheng. Wǒ xuéxí Hànyǔ （　　　　） le,

会 说 简单 的 汉语。我 今年 （　　）岁， 生日 是 （　　）月 （　　）号。我 家
huì shuō jiǎndān de Hànyǔ. Wǒ jīnnián （　　）suì, shēngrì shì （　　）yuè （　　）hào. Wǒ jiā

在 （　　　　）。 我 家 有 （　　）口 人， （　　　　　　　　　）和
zài （　　　　）. Wǒ jiā yǒu （　　）kǒu rén, （　　　　　　　　　）hé

我。我 的 爱好 是 （　　　　　　）。 我 希望 跟 大家 一起 （　　）。
wǒ. Wǒ de àihào shì （　　　　　　）. Wǒ xīwàng gēn dàjiā yìqǐ （　　）.

以后 你们 有 工夫 的 时候， 请 跟 我 联系。 我 的 手机 号码 是
Yǐhòu nǐmen yǒu gōngfu de shíhou, qǐng gēn wǒ liánxì. Wǒ de shǒujī hàomǎ shì

（　　　　　　）。 我 介绍完 了。请 多多 关照。
（　　　　　　） Wǒ jièshàowán le. Qǐng duōduō guānzhào.

趣味の例

▶ **B87** 读书 dúshū　読書をする（こと）

唱卡拉OK chàng kǎlāOK　カラオケをする（こと）

弹钢琴 tán gāngqín　ピアノを弾く（こと）

欣赏音乐 xīnshǎng yīnyuè　音楽鑑賞をする（こと）

下围棋 xià wéiqí　碁を打つ（こと）

钓鱼 diàoyú　釣りをする（こと）

跑步 pǎobù　ジョギングをする（こと）

打网球 dǎ wǎngqiú　テニスをする（こと）

打棒球 dǎ bàngqiú　野球をする（こと）

打太极拳 dǎ tàijíquán　太極拳をする（こと）

玩儿单板滑雪 wánr dānbǎn huáxuě　スノーボードをする（こと）

語句索引

依 藤 　醇 （よりふじ・あつし。東京外国語大学名誉教授）

工藤真理子（くどう・まりこ。元目白大学准教授、通訳案内士）

表紙イラスト、本文漫画：坂田美樹　　　　表紙デザイン：細谷桃恵

ここから 中国語　「別冊チャレンジ」付　　　音声ダウンロード

2017 年 12 月 19 日　初版発行
2025 年 3 月 28 日　第 7 刷発行

監　修　依藤醇
著　者　工藤真理子
発行者　佐藤和幸
発行所　白 帝 社
　　　　〒 171-0014　東京都豊島区池袋 2-65-1
　　　　電話　03-3986-3271
　　　　FAX　03-3986-3272
　　　　info@hakuteisha.co.jp
　　　　http://www.hakuteisha.co.jp

組版・印刷 倉敷印刷 (株)　　製本 (株) ティーケー出版印刷

Printed in Japan 〈検印省略〉6914　　　　　　ISBN978-4-86398-259-8

母音／子音	a	o	e	-i [ʅ]	-i [ɿ]	er	ai	ei	ao	ou	an	en	ang	eng	i [i]	ia	ie	iao	iou -iu
なし	a	o	e			er	ai	ei	ao	ou	an	en	ang	eng	yi	ya	ye	yao	you
b	ba	bo					bai	bei	bao		ban	ben	bang	beng	bi		bie	biao	
p	pa	po					pai	pei	pao	pou	pan	pen	pang	peng	pi		pie	piao	
m	ma	mo	me				mai	mei	mao	mou	man	men	mang	meng	mi		mie	miao	miu
f	fa	fo						fei		fou	fan	fen	fang	feng					
d	da		de				dai	dei	dao	dou	dan	den	dang	deng	di	dia	die	diao	diu
t	ta		te				tai		tao	tou	tan		tang	teng	ti		tie	tiao	
n	na		ne				nai	nei	nao	nou	nan	nen	nang	neng	ni		nie	niao	niu
l	la	lo	le				lai	lei	lao	lou	lan		lang	leng	li	lia	lie	liao	liu
g	ga		ge				gai	gei	gao	gou	gan	gen	gang	geng					
k	ka		ke				kai	kei	kao	kou	kan	ken	kang	keng					
h	ha		he				hai	hei	hao	hou	han	hen	hang	heng					
j															ji	jia	jie	jiao	jiu
q															qi	qia	qie	qiao	qiu
x															xi	xia	xie	xiao	xiu
zh	zha		zhe	zhi			zhai	zhei	zhao	zhou	zhan	zhen	zhang	zheng					
ch	cha		che	chi			chai		chao	chou	chan	chen	chang	cheng					
sh	sha		she	shi			shai	shei	shao	shou	shan	shen	shang	sheng					
r			re	ri					rao	rou	ran	ren	rang	reng					
z	za		ze		zi		zai	zei	zao	zou	zan	zen	zang	zeng					
c	ca		ce		ci		cai		cao	cou	can	cen	cang	ceng					
s	sa		se		si		sai		sao	sou	san	sen	sang	seng					

※ ［　］内は国際音声記号。

音　節　表

▶ A39　　　　　　　　　　　　　　　　　　▶ A40

ian	in	iang	ing	u	ua	uo	uai	uei -ui	uan	uen -un	uang	ueng -ong	ü	üe	üan	ün	iong
yan	yin	yang	ying	wu	wa	wo	wai	wei	wan	wen	wang	weng	yu	yue	yuan	yun	yong
bian	bin		bing	bu													
pian	pin		ping	pu													
mian	min		ming	mu													
				fu													
dian			ding	du		duo		dui	duan	dun		dong					
tian			ting	tu		tuo		tui	tuan	tun		tong					
nian	nin	niang	ning	nu		nuo			nuan	nun		nong	nü	nüe			
lian	lin	liang	ling	lu		luo			luan	lun		long	lü	lüe			
				gu	gua	guo	guai	gui	guan	gun	guang	gong					
				ku	kua	kuo	kuai	kui	kuan	kun	kuang	kong					
				hu	hua	huo	huai	hui	huan	hun	huang	hong					
jian	jin	jiang	jing										ju	jue	juan	jun	jiong
qian	qin	qiang	qing										qu	que	quan	qun	qiong
xian	xin	xiang	xing										xu	xue	xuan	xun	xiong
				zhu	zhua	zhuo	zhuai	zhui	zhuan	zhun	zhuang	zhong					
				chu	chua	chuo	chuai	chui	chuan	chun	chuang	chong					
				shu	shua	shuo	shuai	shui	shuan	shun	shuang						
				ru		ruo		rui	ruan	run		rong					
				zu		zuo		zui	zuan	zun		zong					
				cu		cuo		cui	cuan	cun		cong					
				su		suo		sui	suan	sun		song					